文化广西

艺术

广西民间游艺

陈钰文 韦苏文 编著

广西教育出版社

图书在版编目（CIP）数据

广西民间游艺 / 陈钰文，韦苏文编著 . —南宁：广西教育出版社，2021.6
（文化广西）

ISBN 978-7-5435-8953-7

Ⅰ . ①广… Ⅱ . ①陈… ②韦… Ⅲ . ①文娱性体育活动 – 介绍 – 广西 Ⅳ .
① G89

中国版本图书馆 CIP 数据核字（2021）第 080568 号

出 版 人	石立民	责任编辑	龚 明	周 影
出版统筹	郭玉婷	责任校对	刘汉明	覃肖滟
设计统筹	姚明聚	美术编辑	杨 阳	
印制统筹	罗梦来	责任印制	蒋 媛	
		书籍设计	姚明聚　徐俊霞　刘瑞锋	
			唐 峰　魏立轩	

出　　版　广西教育出版社
　　　　　　广西南宁市鲤湾路 8 号　　邮政编码　530022
发行电话　0771-5865797
印　　装　广西民族印刷包装集团有限公司
开　　本　1230 mm × 880 mm　1/32
印　　张　6.5
字　　数　145 千字
版　　次　2021 年 6 月第 1 版　　2021 年 6 月第 1 次印刷
书　　号　ISBN 978-7-5435-8953-7
定　　价　28.00 元

如发现印装质量问题，影响阅读，请与出版社发行部门联系调换。

前　言

◆

　　每一代人有每一代人的乐趣，每一代父母总会教给每一代子女各种游艺。这些游艺使人们沉浸在浓郁的乡情和欢乐的气氛中，它伴随着一代又一代的人成长，成为人们记忆长河里最温馨的部分。

　　流传于民间的各种游艺是一种悠闲适意的生活调剂，看似简单，似乎不值一提，却蕴含着人们生活中的大智慧、大情怀，真实而生动地反映了历史上不同阶段不同民族的生存状况、文化心理和精神气质。

　　民间游艺历史悠久，随着时代的发展和人们生活的变化不断注入新的内容，游艺的细节不断完善，花样不断翻新。今天网络游戏等虽已进入寻常百姓家，但民间游艺仍然是人们娱乐生活的一部分，仍充满着旺盛的生命力。

　　游艺，指游戏娱乐，是通过一定的活动或手段来满足人们的身心需求，以实现和谐相处、愉悦身心的一种精神文化活动。"游艺"的说法，最早见于《论语·述而》——

　　子曰："志于道，据于德，依于仁，游于艺。"

孔子要求学生要熟悉"六艺"，即礼、乐、射、御、书、数，以之来陶冶身心。

在广西这块 23.76 万平方千米的土地上，12 个世居民族团结和睦，亲如一家，人们同顶一片天，同唱一首歌，同饮一江水，各民族的文化交融在一起，形成你中有我、我中有你的格局。不同民族的游艺汇聚成广西民间游艺的海洋，从而使广西民间游艺更加丰富多彩，具有独特的魅力。其特色主要表现在以下方面：

1. 独特的地域色彩和广西味道。游艺是在特定的自然环境、文化环境和社会环境的作用下孕育、产生，并随着社会的发展而走向成熟，带有独特的地域性色彩，如抛绣球、打扁担、打榔、打尺子、板鞋竞走、砍板陀螺等，无一不打上广西这块土地的烙印。诚然，有些游艺在不同的民族不同的地区也会产生一定的变异，如打陀螺，汉族地区、壮族地区和瑶族地区、苗族地区的玩法就有所不同。这些不同既反映了广西各民族间的文化交流，又展现了各民族的特点。当不同民族的人在不同地区玩同一种游艺时，这种广西的味道就更加浓郁。如流行于南方壮族、彝族、仫佬族等少数民族的民间游戏"抱蛋"，仫佬族称"凤凰护蛋"或"抱蛋"，壮族称"母鸡抢窝""龙王屙蛋"，还配以广西味道浓郁的游戏歌谣——

龙王屙蛋

龙王屙蛋，

要母鸡来孵，

　　要蚱蜢来守，

　　要黄蜂来蜇，

　　要蟑螂来舔，

　　要泥箕来盖，

　　来盖来盖来盖！

　　民间游艺对凝聚广西各民族心理，促进各民族团结起到了良好的推动作用。

　　2. 广泛而深厚的群众基础。民间游艺是一种普遍的社会生活现象，从出现之日起就是开放式的，它欢迎不同的人群来参与，并在不同人群的参与、交流中不断得到丰富和完善。许多游艺可以随兴而起，就地可玩，已成为人们日常生活中不可缺少的内容，丰富了人们的生活，让人们的生活因游艺而精彩。儿童随时随地可进行小型游戏；青少年多以体育类游艺活动为主，如板鞋竞走、打尺子、打扁担、打磨秋、高跷赛跑、掰手腕、打泥巴仗、打南瓜战等；成人以展现体力、智力、技艺的游艺为主，如抢花炮、球类、棋牌类、猜歌谜、斗歌、盘歌等。而性别不同选择偏好也不一样，如男孩爱玩滚铁环，女孩中意跳格子、跳皮筋、跳绳。青年男子多喜欢刺激、展现健壮体魄类的游艺项目，向往勇武精神；青年女子多喜好平静、细腻、雅致的游艺项目，推崇心灵手巧。中老年男子爱下棋，中老年女子喜爱展现精湛的技艺技巧。

　　3. 体现自由、平等与公正。在民间游艺中，参与者遵守固有

的游戏规则，或补充一些临时性规则，在来去自由的前提下，根据当时的游艺情景，通过相互间的合作使活动顺利进行。在规则面前，每个人都是平等的，其规则对参与者来说是公正的，否则游艺将无法继续下去。

在游艺中，自由、平等与公正的规则在不知不觉中影响着人们日常生活的处事方式和价值观念，有的时候会延伸成为社会运行的准则，为社会的有序发展创造条件。

4. 提高了参与者的个人素质。在游艺时人们相互商讨，进行角色分配。在游艺的组织及进行过程中，参与者以具体、明确的角色出现，有的充当领导，有的充当参谋，有的具体参与。不同个性和体能的人聚集到同一种游戏中，而观看游戏的人，在不知不觉中也成为游艺活动的一部分，如抢花炮、唱戏。人们在游艺中体悟生活，学会了动手，学会了彼此协调，锻炼了想象力和创造力；培育了友谊、荣誉感和自豪感，培养了团队合作精神、道德情操和审美观念。

5. 留住乡村的文化记忆。广西民间游艺蕴含丰富的广西历史文化知识。游艺的过程实际上就是一种传承，参与者在传承过程中又对它有所调整，即在传承中创新。如板鞋竞速，最初是瓦氏夫人为练兵所创，现在演变为板鞋舞、多人板鞋竞速等。

少年时代的游艺在于娱乐和启迪智慧，中年时代的游艺在于劳累过后的休息，老年时代的游艺在于充实闲暇的时光。游艺承载着民众的历史记忆和情感记忆，人们在不同的游艺中，或游戏，或竞技，或舞蹈，或斗歌，或盘歌，或抢歌，或猜谜语，了解了相关的游艺渊源，学到了各种游艺规则，感受到了其中蕴含的深意。如新春期间的苗族赶坡会、瑶家跳长鼓舞，初一舞彩凤、十一舞炮龙、十五舞火猫。从三月三山歌飘满山，三月十二花婆游街送祝福，到四月初八看农具；从五月端午扒龙舟、渡河公，到六月六祭稻神；从七夕赛巧，到八月十五拜囊海；从九月霜降游艺会，到十月十六唱盘王……游艺既传递了知识，也让人们接受了传统文化的熏陶。

许多游艺所使用的玩具多取材于人们生活中常见的东西，如石头、木头、竹子、泥巴、鸡毛、绳等，而参与者大多是自己从小到大的玩伴。熟悉的游艺、熟悉的物件、熟悉的玩伴，成为人们脑海中挥之不去的乡村记忆。

当代文化碰撞日趋激烈，文化交融日益频繁。广西是面向东盟的国际大通道，是西南、中南地区开放发展的新的战略支点，是21世纪海上丝绸之路和丝绸之路经济带有机衔接的重要门户。广西与东南亚国家习俗相近，可以通过民间游艺这种柔性的文化交流，讲述广西故事、中国故事，展现中华民族的智慧和审美理念，弘扬中国优秀的传统文化。

本书在分类归纳的时候，侧重选择有广西地方特色、民族特色的游艺项目，文字上突出通俗性、趣味性，以期让更多的读者了解广西民间游艺，进而认识广西、了解广西。

目　录

广西民间体育竞技

广西民间惬意游艺

广西民间儿童游戏

广西民间游艺概说

中国民间游艺发展

　　中国民间游艺源远流长，游艺形式和游艺特点在历史长河中呈渐进式传承和发展，展现了一幅幅色彩绚丽的游艺画卷，反映了先民在文化史上独特的智慧和创造。我们可以想象，远古先民围着篝火兴高采烈手舞足蹈的那一刻，游艺的雏形初现。随着社会进步，在生产生活的闲暇，人们开始想法子消遣、娱乐。在半坡遗址的一个小女孩的墓葬中，出土了几个石球，说明早在六千年前，球就已经成为人们的玩具。游艺的形式也随着社会文明的发展而发展，出现了各式各样的游艺活动。

　　先秦时期，诸子百家蓬勃发展，各种游艺活动兴起，如六博、斗鸡、弹琴、吹竽、蹴鞠等。同期，诸侯割据，战火连天，当时的部分军事工具和活动演变为游艺活动，如拔河、秋千等。

　　秦汉时期，人们过上了相对稳定安乐的生活，游艺活动进一步发展，藏钩、投壶、游猎、闹花灯、赛龙舟等，包括丝绸之路开辟后传入的西域幻术、杂技，都是在这个经济繁荣的时期产生的。

　　魏晋南北朝时期，各民族文化相互交流融合，这时期的游艺活动也独具风貌，围棋、簺戏、象棋、盘舞等迅速发展。

隋唐五代时期，经济繁荣、文化昌盛、社会安定，游艺活动迎来大发展时期，不仅革新了秦汉以来的游艺活动，还出现了叶子戏等新型游艺，马球也十分盛行。这一时期，因对外文化交流的发展，诸如围棋、秋千、蹴鞠等游艺活动传播到日本、朝鲜等国。同时，元宵闹花灯，清明荡秋千、放风筝，端午赛龙舟、斗百草等节令游艺逐渐定型，各地、各民族开始形成各具特色的游艺风俗。

宋元时期，城市经济快速发展，人口剧增，社会各阶层对娱乐的需求持续增强，游艺活动蓬勃发展且趋于成熟，博弈、竞技、节令等游艺活动进一步发展。

明清时期，一方面，随着封建经济从相对发达到逐渐没落，游艺活动也呈现从快速发展到逐渐走向衰落的特点，部分游艺活动消失，如投壶等。另一方面，清朝统治者提倡滑冰、骑射等游艺活动，各种球类、博弈类游艺日渐衰退。清末随着西方资本主义国家入侵，西方近代游艺活动传入中国，中国古代游艺逐渐淡出历史舞台。

广西民间游艺发展

　　中国的民间游艺史就是一部紧密连接中国社会史、生活史、文化史、民俗史的发展史，广西民间游艺史与中国民间游艺史一脉相承，又兼具自身传承发展的特殊轨迹和文化特色。

　　广西地处中国南部，有壮、汉、瑶、苗、侗、仫佬、毛南、回、京、彝、水、仡佬等12个世居民族，还有满、蒙古、白、藏、黎等其他民族。约5000万的常住人口共同居住在23.76万平方千米的土地上，壮语、苗语、瑶语等少数民族语言与粤语、桂柳话、客家话、平话等汉语方言交流、交融，衍生了多样化的民间民俗文化，游艺活动更是丰富多彩。各少数民族的游艺活动，既与汉族的游艺活动相辅相融，又具有自身的文化特色。

　　1. 民间信仰色彩浓烈。广西山高水深，地理环境多样，各民族崇敬自然、崇拜天体。傩、巫文化及各种民间信仰传说，衍生出广西民间信仰色彩浓烈的游艺活动，如蚂蜴舞、花婆节、渡河公等。

　　2. 战争遗风。战争关系国家、民族生死存亡，本与游艺毫不相干，但实际上很多传统游艺与军事活动密切相关，如串棋、虎棋、板鞋竞速等即从军事活动中演化而来，特别讲究战略战术。

3. 稻作文化影响深远。壮族称水田为"那"，因"那"而生的游艺活动非常丰富。围绕着稻作农耕，壮族人民形成了蚂蚁节、农具节、稻神祭、尝新节、稻草龙舞、歌会等节令游艺活动。

4. 源于日常生产劳动。广西地貌独特，山多地少，广西各族人民尊重农耕，农耕生活亦是多姿多彩。采茶戏、春牛舞、打扁担、踩风车等，均源于日常生产劳动，进而转化为游艺活动。

5. 风俗活动性质的演变。古代许多风俗经过长时期的历史发展，一定程度上发生了转化，如师公戏、稻神祭等一些祭祀性风俗，在保留传统风俗形态基础上，由祭神的神圣性慢慢地演变，带有了娱乐性质；如跳花灯原来是壮族先民巫公的舞蹈，原是为超度亡魂而为之，如今已演变为一种娱乐性舞蹈。

6. 教化意识明显。板鞋竞速源于瓦氏夫人练兵抗倭的故事，有教育人们爱国爱家、抗击外敌的意义。戏曲里宣扬惩恶扬善、道德伦理的故事，也蕴含着教化意识和思想。

7. 多民族融合共享。广西是多民族聚居地区，民间游艺活动的融合特色比较明显，同一个类型的游艺活动，如壮族抛绣球和仡佬族打篾鸡蛋，属于不同的民族，但同是从"飞砣"演化而来的游艺活动；三月三唱山歌、歌圩、坡会等也是同一个类型的节令游艺活动，都流行于壮族、苗族、彝族等少数民族地区。采茶戏既有桂南汉族采茶戏，也有壮族采茶戏。粤剧流行于粤港澳桂等使用粤方言的地区，用粤语演唱，后传播到壮族地区，壮族人民为适应本民族群众需要，改用壮语演唱，其他形式基本保持不变。不同的民族在相互交流、交往中，互相吸收不同的游艺文化。

民间游艺的特征和功能

　　民间游艺活动主要是从原始人类的生产劳动、民间信仰、战争、娱乐游戏中产生和演变而来。随着人类社会环境日臻成熟，人们心理日渐健全，生活条件日益改善，游艺逐渐成为人类精神生活需求的重要组成部分，既有物质文化活动的质朴遗存，也有非物质文化遗产的精神传承。

　　游艺，即游戏娱乐活动，娱乐性是其最重要的特点。即便是那些比较隆重的、仪式感比较强的民间宗教习俗和祭祀活动，也经常性地伴随着杂技、戏曲、游戏和竞技活动，如汉族的端午祭、壮族的稻神祭，均以祭祀为源，娱乐为辅。

　　规则性是民间游艺一个非常重要的本质特征，所有的游艺都是在一种预先设定并为大家所认可和遵守的规则中进行的，如围棋、斗鸟、打陀螺等，各有着一整套固定的活动规则。

　　竞争性是民间游艺的另一个重要特点，特别是传统体育竞技类活动，竞争性特征较明显，即使是那些乐舞类活动如竹竿舞、芦笙舞、芭蕉香火龙舞等，也含有竞技意识。

　　博弈性既是博弈类游艺的重要特点，也糅合在竞技性活动当中，游戏活动中两两对决、两方对弈也蕴含有博弈性。

民间游艺还有较强的地域性和民族性。基于地理环境不同、地域特点不同，如北方多马车，南方多舟楫，民间游艺呈现出北方擅长骑射、南方善龙舟竞渡的特色。中国有 56 个民族，各民族均有其民族特色游艺活动，如汉族荡秋千、壮族抛绣球、仡佬族打篾鸡蛋、彝族打磨秋、苗族坡会等。

从游艺的定义到游艺的文化特性，可窥见民间游艺的文化功能，主要表现在以下几个方面：

1. 休闲娱乐是游艺活动的缘起，也是游艺活动最初始的功能。人类在解决生理基础需要之后，开始寻求精神层面的放松和愉悦，游艺也就应时而生。无论是游艺的器具还是内容，都给人带来愉悦、放松的氛围，一种精神享受。

2. 寓教于乐是民间游艺的一个重要功能。无论是体育活动还是节令习俗，尤其是儿童游戏，都在娱乐中潜移默化地培养积极向上的人生观和价值观。

3. 社会交往是民间游艺的另一个功能。一人游乐不能称其为游艺，游艺是两人以上的群体性社会活动，是基于交往的社会组织活动。游艺活动尤其是大型体育竞技活动如抢花炮、赛龙舟、舞炮龙等，集体协作、团队意识等表现比较明显；节令游艺及迎宾待客习俗等各种文化活动更促进了人际交往，促进了各民族的交流融合，也更有利于社会的和谐健康发展。

广西民间博戏游艺

串棋、虎棋，围猎战术存遗风

　　琴、棋、书、画是中国四大传统艺术形式，其中棋盘就是一个战场，下棋是一次智力的对弈。壮族不仅能歌善舞，还善战且富有智慧。串棋和虎棋都是较为有趣的壮族传统棋类游戏，源于壮族先民早期在征服和改造大自然过程当中的围猎活动。2018年，靖西壮族棋艺列入广西第七批自治区级非物质文化遗产代表性项目名录。

　　串棋，双方各据一边，以棋图点线为轨迹布置棋子，利用己方间隔棋子同线吃掉对方棋子，反复冲杀，最后困住对方，使之动弹不得，即可获胜。串棋讲究"弈"术，走棋之中，有"内应"棋子做埋伏，在对峙当中里应外合，吃掉对方棋子。每次吃掉对方棋子之后，都要补上己方棋子，占领棋盘关键布点，方便己方冲杀，并分化和瓦解对方势力。串棋输赢关键不在棋子多少，而在于布局战术，只要布局合理，可以来去自如，破掉对方层层围攻，有效阻击、困住对方棋子以获胜。串棋是一幅形象的军事战争推演图，展现作战之中潜伏、分化、瓦解和占领战略要地、攻其不备、相互策应、重重包围、全体歼灭等战略战术。

　　虎棋，是壮族非常喜爱的棋类游戏之一。棋子分两方，一方执大棋，称之为"老虎"，另一方执15颗相对较小的棋子，称之为"狐狸"。"老虎"与"狐狸"在大山里围战。棋盘犹如一个围猎场，上方是一个类似正方形的图形，象征笼子，15颗代表"狐狸"的棋子分散在棋盘上，象征猎物。每次棋走一步，"老虎"可通过"挑担"（跳到位于同一直线的"猎犬"中间，即两只"狐狸"棋子之间的空点）吃掉"狐狸"，"狐狸"则要利用数量优势围困"老虎"，不让"老虎"有空点可跳，使之受困。

● 虎棋棋盘

如果"狐狸"被"老虎"吃到剩下七只，则"老虎"获胜；如果
"狐狸"能够层层围住"老虎"，最后把"老虎"赶入棋盘上方
的"笼子"，使"老虎"受困而不能动，则"狐狸"获胜。猎与
被猎，就是一种博弈，靠的是勇气和智慧，或猎取猛虎，或命丧
虎口，仿佛是壮族先民围猎生活的再现。

　　如今战争、围猎虽已远去，但串棋、虎棋仍然留下了壮族先
民狩猎生活不可磨灭的印记。

侗棋对弈，随时随地信手来

从侗族村寨走过，屯后屋前大树下，常可见村民三五成群聚在一起，"三三"之声不绝于耳。三三棋也称侗棋、下三棋、打三棋、棋三，树枝、石子、瓦片、纸团、野果等均可为棋子，棋盘可就地随手用粉笔、石子画一个，所以三三棋是劳作之余可信手拈来、就地开展的一种娱乐活动。

三三棋顾名思义，下棋与"三"密切相关：棋盘是由三个大小不等的正方形重叠而成，用线分别连接各框顶角和边线中点，即4条斜线连接3个正方形的四个顶角，4条竖线连接3个正方形各边中点，最小的正方形完全空心，由此构成了20条直线、24个点，即24个棋眼。对弈双方各执不同的12枚棋子。对弈分为两个阶段——布局和行局，或者称摆子和动棋。摆子时先确定谁先下第一子，然后每一轮双方各下一子。棋子要下在交线连接点上，若一条线全为一方占有，即成一"三"，俗称"打一三"，可以压销对方一子。摆完子之后，进入动棋阶段。动棋时先将被压销的棋子拿掉，出现可移动棋子的空点，然后由后摆子一方先动。判断的标准是只要一方3颗棋子连成1条直线，就

● 侗族老人下三棋

可以拿掉对方任意一子，直到其中一方仅剩下 2 颗棋子无法形成
"三"时告输。运子后，造成对方无法运子称之为"闷局"。

　　关于三三棋的起源有一个古老的民间传说：一天，韩湘子和
铁拐李两位大仙在一座大山顶上下棋，他们实力相当。正下得难
解难分之时，发现旁边站着一个侗族小伙，铁拐李便问："小伙
子，你有何事？"小伙子挠挠头不好意思地说："我本来在山下
放牛，刚刚路过此地。不好意思，打扰二位了。"铁拐李笑呵呵
地说："没事，没事。"接着又和韩湘子继续对弈。小伙子看他
们在一个图形上下棋，这个图形他从未见过，便好奇地问："二

位神仙这是在下什么棋？"韩湘子回答说："这是三三棋！"小伙子被这棋深深吸引住了，一动不动地盯着两位神仙下了一盘又一盘，直到偶然抬头才发现天已完全暗了。他连忙向韩湘子和铁拐李告别，说："二位神仙，我的牛还在山下，我先走了。"铁拐李哈哈大笑，说："你摸摸你的柴刀把。"小伙子伸出手去摸他的柴刀把，发现柴刀把已经腐烂了。他惊奇地望向两位神仙，铁拐李笑着说："小伙子，天上一日，人间三年，你和我们在一起这么久，你的牛还会在原地等你吗？"小伙子下山后，凭记忆将三三棋的图形画出来，又用草梗和小木棍代替双方棋子，并根据当时两位仙人的下棋方法和规则尝试下三三棋，觉得非常有趣。就这样一传十、十传百，三三棋便在整个侗族地区传开了。

现在，侗族地区的人们仍然对三三棋的传说津津乐道，对下三三棋乐此不疲，侗族鼓楼和花桥凳子上都还刻有三三棋的图形。侗族隆重的民族节日如春节、三月三、摔跤节、斗牛节、中秋节等，都会开展三三棋的比赛活动。

2018年，三江侗族棋艺列入广西第七批自治区级非物质文化遗产代表性项目名录。

棋吃粉，三人对弈趣味生

广西人爱吃粉，螺蛳粉、老友粉、桂林米粉、生榨米粉、凉拌粉、生料粉……但这里所说的"吃粉"可不是吃那鲜、酸、辣、爽的各种米粉，而是一种棋类游戏。棋吃粉，也称吃粉棋，是一种在几何图形上三人对弈的棋类游戏，是流传于壮族等少数民族地区的娱乐游戏，尤其受儿童的欢迎。至于为何叫作棋吃粉已无从考证。

传统棋类游戏大都是两人对弈，而棋吃粉则需要三个人玩。棋吃粉棋盘很特别，似一座宝塔，线条简单，随手可画。棋盘末端三个位置分别写着"1、4、7""2、5、8""3、6、9"三组数字，代表对弈的三人各自的游戏阵地。下棋之前，通过"黑白配"或者"石头、剪刀、布"等方式来决定先后顺序，按顺序挑选一组数字和一类棋子。棋子也比较随意，一般就地取材，可以是石子、树枝、树叶、瓦片等。

游戏开始，三方先各自留1颗棋子放在选定的阵地里"看家"，然后开始猜棋和行棋。猜棋，即对弈三方各自持三个棋子，而后握任意个数的棋子出手。大家先猜棋子数量的总和，然后同时张开手，实际的棋子之和数在哪一方的游戏阵地里，谁就可以走棋一步。例如，每个人出的棋分别为1、3、2，其和为6，则"3、6、9"的这一方可以行棋一步。行棋的关键是猜对棋子数量的总和，所以猜棋时一定要将手紧紧握住，千万不要让其他两方看见自己手中到底有几颗棋子。猜棋的时候有没有窍门呢？有！窍门就是盯住其他两方，因为对手常常假装要出多少颗棋子，这个时候一定要察言观色，揣摩对方拳头大小，只要还没约定开掌，就有机会更换自己手上的棋子数量。行棋时，三方行棋的起点、中转、终点都要在各自选定的路线上，不能走到对方的路线上。任何一方走到顶点一轮后最先返回游戏阵地就是胜利者，余下两方则继续猜棋、行棋，直到最后分出输赢。

棋吃粉简单易学，三人成群，趣味横生，最宜锻炼儿童的心理素质和判断能力，在猜棋当中可以快速训练逻辑思维和数学心算能力，是一项传统的益智游戏。棋吃粉也非常具有少数民族游戏特色，不受时间和空间限制，棋盘与棋子均是来自大自然的简单材料，随手可画可取。只要叫上两个伙伴，找一处平地，即可开始对弈，或课间，或闲时，方便至极。说起游戏规则，亦是简单易学，是一种老少妇孺皆可习得的传统游戏。

壮家古拳，源远流长

　　壮拳，是流传于岭南一带的古代壮族武术。

　　说起壮拳，不得不说一说广西的狼兵。"狼兵骜悍，天下称最"，壮族先民的强悍及骁勇善战举世闻名。《明英宗实录》卷三十五记载："狼兵素勇，为贼所惮。"明代海防军事专家郑若曾在其所著的《筹海图编》中记载："广西狼兵于今海内尤悍……能以少击众，十出而九胜！"狼兵闻名天下，而狼兵的壮拳技艺也广受推崇。抗倭名将戚继光、俞大猷曾用壮拳技艺训练军队，著名的壮族女英雄瓦氏夫人吸收了别家之长，把壮拳技法提高到一个新的水平，并在抗倭斗争中将它传播到江浙一带。开国上将李天佑少年时拜一位功夫高超的汉子为师，学习武艺，后来才得知自己所学是壮拳。

　　壮拳动作彪悍凶狠，功架清晰准确，沉实稳健。其特点是拳势刚烈，多短打、擅标掌、少跳跃。壮拳的拳技变化多样，不仅有拳打、脚踢、肘击、膝击、肩挑、头撞等，还有咬、锁颈、碎骨等。

　　壮拳的练习功法以站桩、打沙袋、打树桩、走梅花桩、七步铁线基本桩功为主；在攻击防守上，壮拳的拳和械力主架实劲猛，出入变化以灵捷为导，发劲与声气合一，进退以四门为径，适合山区演练。

壮拳拳术套路很多，包括擒功大王拳、霸王锤、梅花桩拳、踢打四门、三桥手、三打罗汉拳、打虎拳、天字功、飞天字功等，而现存的对练套路只余八卦榔棍对练、三叉耙头对棍两种。

壮拳历史悠久，影响深远，至今仍然具有很强的竞技性、健身性、搏斗性以及艺术观赏性，是壮族优秀的历史文化遗产。

● 壮拳

花山岩画，武舞同源

2016 年，广西左江花山岩画文化景观入选《世界遗产名录》，填补了中国岩画类世界文化遗产空白。广西花山岩画反映了壮族先民祭祀、巫术、战争、娱乐、武术等一系列远古生活场景。布满岩壁的红色画像，既有壮族先民习武演练的场面，也有备战操练和宗教仪式的场景。岩画人物形象生动饱满，有双臂曲肘上举、提膝、抱臂、屈膝半蹲、跳跃等动作，造型丰富，古朴有力。

学术界研究发现，左江流域一带现存比较完整的图像多与"武"有关。这些人物造型排列队形有横向、纵向、圆形等，或为正像，或为侧像，都成排站立，方向一致，动作整齐有序，犹如武士集中操练，仿佛有呐喊声隐隐从遥远的远古传来。无独有偶，流传于广西宁明、凭祥、崇左一带的壮家功夫套路如"野马仰身""啊亚武""仙人指路""公达顶"等，与花山岩画上的招式相类似，低架势、半弓步、低头弓背，动作简单却古朴，招式零散却凶狠强悍，与现代武术形成极大反差。

花山峭壁之"武"真实地展示出古代壮族武术的招式。研究花山岩画的专家学者中有人认为左江流域的岩画其实与战争紧密

● 武舞同源

相关，整个花山岩画就是一幅纪念大规模战争胜利的画面，队伍集合、操练、点将、誓师、战争、庆功，完整地再现战争的各个场面。有人像，人像有动作；有武器，佩刀、佩剑为数不少；有动物，为坐骑；有鼓器，战鼓雷鸣。这些与"武"有关的形象造型生动，彰显了壮族先民崇武尚武的习俗。

"武舞"同源，《尚书·虞书·大禹谟》："帝乃诞敷文德，舞干羽于两阶。七旬，有苗格。"原始社会宗教、娱乐、体育、教育时常交织，武与舞共存。《诗经》称"象舞"，《礼记》则呼"象武"，舞即武，武舞不分家。

花山岩画，有武亦有舞，是壮族历史长河中奔腾不息的远古文化记忆。

广西民间百戏

傩戏艺术有传承

　　汉民族的"傩"从中原地区进入广西后，为各少数民族接受，至明清时期逐渐成为一种地方戏曲，流布于广西全境。傩戏在桂北称"跳神"或"傩戏"，在南宁称"师公戏"，在广西一些少数民族地区如环江毛南族地区称为"毛南戏"。跳神者或称巫婆，或称师公，民间谓之"跳师"。傩戏常出现在民间岁时节庆、祭祀、庙会等习俗活动中，或在厅堂，或在庙宇，或在谷场，是一种兼具岭南文化和八桂文化特色的民间艺术形式，广受农村群众的欢迎。

　　"傩"源于古代驱邪避疫的仪式，后演变为一种舞蹈，民间谓之"跳神"或"跳鬼"。古代医疗条件差，有时人生病了无法及时请医生来看，且民间有"人生病是受邪祟所害"的说法，唯有请"傩神"来驱邪避疫，人才能恢复健康。流传于宾阳县的"三日平安清"仪式，在"船科"之"逼油净宅"过程中，主坛师率领众人挥舞宝剑、棍棒、桃树枝等，边舞边发出"傩傩傩……"之音以驱鬼，且用酒精喷燃油火示而诛之。这些仪式，应该就是早期"傩"留存下来的古朴祭仪，以驱赶邪祟，祈求平安和福祉。

随着时代的演变和发展，从清末至今，傩戏在桂林、柳州、南宁和钦州各地，逐渐用不同的方言来"唱尸""跳岭头"，有桂柳话、平话、壮话等，演唱要素也逐渐融入本土民族文化特色。傩戏不仅吸收了唱、念、做、打的戏曲艺术形式和生、旦、净、丑的戏曲角色，而且创制了独特的行规与表演形式，如有独特的堂号、独特的收徒制、独特的纪律约制、独特的表演面具等。表演之时要严格遵守行规，每次表演要举行祭仪，表演时演员须头戴面具，背插靠旗，手执刀、枪等兵器，用锣、鼓、钹、二胡、笛子等乐器伴奏，"缚栏为戏"，栽上几根木桩子，系上

● 毛南族民间傩戏

● 毛南族傩面舞

绳子，三四张竹垫围三面，便可演出。

　　傩戏演出题材以历史故事、民间传说为主，有独特的唱腔和舞蹈，以唱为主，伴有道白，道白仅作为过渡语而使用。表演上，不以刻画人物形象和表情动作为主，而以贴近生活的故事内容、通俗易懂的唱词来吸引观众，较具本土文化特色。演员戴的面具，形象或凶恶或粗犷或温婉，代表不同的神像，用木雕刻彩绘而成，傩文化特征明显。傩戏表演动作主要基于古代祭祀之仪，一般有三元指、丁字步、碎步、跳跃步、旋转、颤步等，并且以颤步为主要动作，有时还穿插翻滚、叠罗汉、排字等。傩戏演员根据仪式性质来定故事内容和情节，如佛、道主事的丧事仪式，绝不上演喜庆团圆、升官中考等欢乐情节的剧目，只能演些以孝敬父母、伦理道德、亲情为内容的剧目；而由师公主事的吉祥福禄寿的仪式，绝不上演生离死别、伤亡等悲伤内容的剧目。傩戏唱腔只有"师公调"，旋律低沉哀伤，俗称"哭丧调"。

　　如今，在广西桂林、河池、柳州、南宁、贵港等地的乡村仍然有一两个师公队，农村的红白喜事经常有他们演出的身影。每年农历三月初二至初六，南宁陈东村会上演经典傩戏《大酬雷》，通过一系列狂热、古朴、粗犷、刚劲的表演，表现上山伐木、制作农具、耕田、犁地、播种、插秧、耘田、施肥、收割、打谷、磨谷等水稻的生产过程，以这种最原始、最简单的形式去表达对天地自然的崇敬，祈求风调雨顺、五谷丰登、六畜兴旺、国泰民安。

2010年，桂林傩舞列入广西第三批自治区级非物质文化遗产名录。2012年，南宁傩舞列入广西第四批自治区级非物质文化遗产代表性项目名录。2016年，灵山傩面具列入广西第六批自治区级非物质文化遗产代表性项目名录。2018年，毛南族傩舞、桂林傩面具制作技艺列入广西第七批自治区级非物质文化遗产代表性项目名录。

采茶戏，歌唱生活百味

　　山的这边，身穿少数民族服装的采茶阿妹唱起了山歌小调；山的那边，采茶的阿哥高声回应，悠扬婉转的歌声此起彼伏。这就是采茶戏的起源。岭南地区山多茶多，农家人在采茶制茶期间为抒发情感，唱起山歌和小调，激发劳动热情。几经发展，采茶歌逐渐吸收当地一些民间歌舞、戏曲、习俗等，形成采茶戏。采茶戏与采茶和茶事活动息息相关，可以说没有采茶和茶事活动，就没有采茶戏。

　　采茶戏多为传统剧目，内容以一些有情节的、贴近百姓生活的民间故事为主，表演类型比较多，有开台茶（恭茶）、乃茶、十送茶、老正茶、洋红茶等；多为喜剧、闹剧，热衷于表现百姓生活的百态百味。表演程式以载歌载舞为主，念白多为韵白。唱腔非常丰富，有卖茶腔、红花腔、男音、四平腔、鲜腔、忧腔、哭腔、十绣腔、十打金钗腔、梳妆腔、祝寿腔等，兼收并蓄各地民间小曲，属"三小戏"，即以小生、小旦、小丑为主演，也叫"三角班"。广西的采茶戏唱腔语言以桂柳话、邕宁白话（粤方言）、壮话、客家话为主，各个地方的方言老话为辅，风格活

● 采茶戏表演

泼、热烈，有浓厚的地方文化特色。

壮族采茶戏是壮族与汉族之间民族交往、文化交流碰撞而产生的独特的民间文化艺术形式，在广西壮族地区流传。壮族采茶戏表现出浓烈的民族融合特点，表演语言兼用桂林方言、粤方言及当地壮话，舞蹈以采茶、制茶为原型创作，题材多为百姓的生活百味，如人民反对压迫、追求婚姻自由、向往幸福生活等，无论是在汉族农村还是在壮族寨屯，都受到老百姓的热烈欢迎。

茶与戏，戏与茶，二者结缘由来已久。因茶而生的采茶戏，浸染了八桂大地的百姓生活，带着茶的灵魂渗入百姓的骨血中，与百姓的生活融为一体，正是当下非遗融入当代生活的贴切表现。

2006 年，采茶戏（桂南采茶戏）列入第一批国家级非物质文化遗产名录。2008 年，桂南采茶戏（钦南采茶戏）列入广西第二批自治区级非物质文化遗产名录。2010 年，采茶戏（壮族采茶戏）列入广西第一批、第二批自治区级非物质文化遗产扩展项目名录。2012 年，防城采茶戏列入广西第四批自治区级非物质文化遗产代表性项目名录。2016 年，苍梧采茶戏、钦北采茶戏、八步采茶戏列入广西第六批自治区级非物质文化遗产代表性项目名录。

又说又唱丝弦戏

　　"白山戏班三天一街出演，锣鼓一响，万人空巷。"在南宁马山县，民间仍然流传着当年丝弦戏戏班"白山戏班"演出时的繁盛之景。丝弦戏是我国一个古老的剧种，约在清朝乾隆年间由湖南传入广西，一度风靡桂中，在宾阳、马山、上林等地建立科班，之后在广西生根发芽。2008年，丝弦戏列入广西第二批自治区级非物质文化遗产名录。

　　何为丝弦？丝弦，丝弦，二弦二线成音，拉来扯去亘古不变，称为"丝弦"。丝弦戏不仅乐器简单，旋律亦是翻来覆去唯有南路、北路二调。音乐部分倒是包括了唱腔、伴奏曲牌、锣鼓点三部分，唱腔有北路首板、滚花、二流、慢板、忧腔、流水等，兼有吹腔、杂腔小调，句式为上下句复唱形式，用桂柳话演唱，重语言本色、问字要腔，同一剧目里最忌南、北唱腔混用，同一唱段内也忌两路板式混用。

　　广西的丝弦戏是从中原地区传入，吸收了本土民歌、小调、桂剧、邕剧、彩调等艺术形式的某些唱腔、唱词，逐渐发展而成，题材内容亦融入广西特有的风土民情和人文特色，反映广西

本土深厚的历史传统和民族精神，深受本地群众的欢迎和喜爱。逢二月二、端午节、中元节等民间节庆，必上演丝弦戏。据说陆荣廷曾专程邀请一丝弦戏戏班子到其家乡武鸣演出一个月，演出结束后还重奖这些演员，可见当时丝弦戏受欢迎的程度。

　　广西丝弦戏的题材内容相当丰富，传统剧目居多——从歌颂正义、批判奸邪的历史故事到阐述美好爱情婚姻，再到百姓日常生活、伦理道德，处处反映人性的真善美与假丑恶。在表演艺术上，以唱为主，以说为辅，说和唱穿插交替，又说又唱。唱词上则体现了民族融合，既保留了汉族民间文学的押韵特性，又受壮族四六联民歌句式结构的影响，分上下句和长短句。其中，上下句一般为双数，有两句、四句、六句等，每句的字数为七字或十字；长短句则根据前后句的唱腔做相应的调整和改变，不是一成不变的。丝弦戏的舞台和邕剧一样，一桌两凳即可上戏，无论是文戏还是武戏，大戏还是小戏。

　　丝弦戏获颇多赞誉之处还有其舞台脸谱，其色彩和谱系在角色定位上非常精准和清晰，每个人物的脸谱以夸张、美化、变形、象征的手法进行刻画，被誉为"心灵画面"，是舞美写意的完整表现。

广西八音，吹吹打打又一春

唢呐声声起，如歌如乐，如泣如诉，或欢乐，或喜庆，或哀伤，声声牵动人的喜怒哀乐，这就是广西八音。无论是城区还是乡村的节祭、祭祖、满月、结婚、祝寿、开业、迎宾、新居落成、丧葬等民间民俗活动上，还是舞龙、舞狮、舞蹈、民间戏曲表演中，或者是在群众文化艺术表演的舞台上，均可听到吹吹打打的八音演奏。其表现形式非常丰富，艺术生命力强劲，深受广西各族人民群众喜爱。

广西八音又称"桂南八音"，是中国民间器乐的一个乐种，因使用鼓、锣、钹、笛、箫、弦、琴、唢呐等八种乐器演奏而得名"八音"，主要流布于南宁、玉林、贵港、钦州、百色、贺州等地的汉族、壮族、瑶族聚居地。在演奏种类上因地域或民族的不同而又分为汉族八音（软场和硬场），壮族八音（文场和武场）。为民间红白喜事进行的实用性演奏称为硬场八音；为闲情逸致、自我欣赏而举行的表演性演奏称为软场八音。除吹打乐器外，还有粤曲清唱，以多种管弦乐器伴奏的为文场八音；只用唢呐吹奏，配以锣鼓钹等打击乐的为武场八音。而壮族八音又有南

路、北路之分：南路以南宁市邕宁、武鸣八音为代表，主奏乐器为唢呐；北路以百色市隆林八音为代表，主奏乐器为骨胡；在百色市靖西等地，还流行着唢呐与骨胡共存的壮族八音。

"八音"的得名，原指代八种乐器、八种乐器的不同材质及八名成员，或指代主奏乐器唢呐管体上的八个音孔及其吹奏出的八种音调。但随着发展演变，八音的组成乐器、表演人数、所用音乐和曲牌已经不仅仅限于"八"了。

八音又称"八仙"，在壮族八音分布地区，流传着一个关于"八仙"的传说：相传王母娘娘寿辰之际，八仙欲祝寿献礼，下到凡间搜罗各种民间乐器，遂集成了壮族八音。

八音在演奏形式上是以合奏形式来表现的，有坐奏和行奏两种。"坐奏"形式多用于民间祝寿、祭祀、迎宾、送客等，"行奏"多用于新婚、送葬、舞龙、舞狮等。八音的曲调，有的哀怨忧伤，令人肝肠欲断；有的铿锵有力、热烈奔放、催人奋进，令人斗志昂扬。八音既有远古质朴的低转沉郁，又具有广西地方的民族特色，是广西颇有影响力的民间器乐艺术。

八音演奏的曲目，既有传统的也有现代的，既有本土的也有外来的，可谓"内外兼收，融贯古今"。玉林八音有源自宋元的南北曲牌及明清以来的民间曲牌的代表曲目《风入松》《园林好》《将军令》等，有来自广东音乐的代表曲目《三宝佛》《苏武牧羊》等，有本土民歌小调、采茶歌的代表曲目《白鹤游》《摆花》等，有流行音乐的代表曲目《达坂城的姑娘》《歌唱祖国》，有外来歌曲的代表曲目《马来西亚进行曲》等。壮族八

● 八音迎宾

音有来自广东音乐、粤剧曲牌的代表曲目《八仙贺寿》《天姬送子》等,有改自壮族师公戏的代表曲目《师公舞》《黄瓜滴水》等,有编自本土民歌曲调的代表曲目《赶歌会》《嘹啰》等,有现代流行音乐的代表曲目《花婆送福》《壮家乐》《大地飞歌》等。

广西八音,它与壮族、汉族、瑶族人民的生活休戚相关,悲欢与共,伴随着八桂大地的各民族群众走过一春又一春。

2011年,吹打(广西八音)列入第三批国家级非物质文化遗产扩展项目名录。

壮族会鼓，鼓声通天

　　在马山县，壮族村屯每逢新春佳节或大型的祭祀活动，由村
屯族长领头，挑选村屯中青壮年作为鼓手参加擂鼓比赛。擂鼓比

● 马山壮族会鼓

赛一般在村屯之间进行，谁的阵容威武，鼓声铿锵有力，节奏变化多样，持续长久至多个昼夜不息，谁就是赢方。《隆山县志》有载："击鼓之习，相传已久，今犹未衰，每年农历正月初一至元宵为自由娱乐期，每村每屯男丁三五成群，作赛鼓之乐。"

　　壮族民间关于会鼓流传有"驱邪鼓""守月鼓""通天鼓"的传说，可以看出会鼓最早是用来镇妖除怪、祈求风雨的仪式。其中，"通天鼓"的传说最有意思，和壮族蛙崇拜文化相互呼应。据传，青蛙是水神和雷神的儿子，有一年雷神带着儿子青蛙到人间收雨税，民间百姓都说："今年你不下雨，导致天下大

旱，五谷失收，人都要饿死了，哪有雨税交给你呢？"雷神一查，人间确实田野干涸，五谷无收，所以就答应了百姓免收雨税，并且保证今后按时降雨，并将儿子青蛙留在人间作为报讯使者。但因为青蛙的声音小，每每信息传达不到天上，总是误事。最后雷神只能请人间工匠制作牛皮鼓，需要降雨时，人们就擂起鼓来，雷神就及时降雨。人们为了能让鼓声传到天上不耽误降雨，每次都众鼓齐擂，鼓声震天，从此人间风调雨顺，百姓生活幸福。马山壮族地区至今仍有这样的习俗：每当大旱之时，村屯里的老人们就带着鼓手，搬上牛皮鼓到泉水旁或者大河边烧香拜神、擂鼓求雨。因此，后人也将牛皮鼓称为"通天鼓"。这就是"会鼓可通天"的传说。

随着社会发展，会鼓慢慢演变为一种大场面的礼乐，用于嫁娶、祭祀、添丁、新居、迎宾等场合，以示庄重和相迎之意。尤其在一些大型庆典活动和重大节庆中，常常几十面甚至上百面鼓齐擂，营造欢快热烈的气氛。广西壮族自治区成立六十周年庆祝大会庆典活动上，近百面壮族会鼓表演了气势磅礴、热情豪迈的《千年会鼓擂》，擂出了"撸起袖子加油干"的豪情万丈！

壮族会鼓以鼓身大、声音大、场面大这"三大"闻名，给人留下深刻的印象。壮族会鼓表演的主要部分就是鼓，配器为锣和镲，这两种器乐的声音清脆而响亮，作为点缀来配合鼓点。

传统的会鼓制作工艺独特，选材讲究。鼓腔首选樟树、榕树、枫树等原木挖成空心做成，因樟树、枫树达到一定树龄后自然通心，更容易掏空，而且这两种树的木纹特殊，不易开裂，做成鼓后，声音非常集中，圆润嘹亮。会鼓的鼓面选老的母黄牛或母水牛的牛皮为宜，因其韧性很好，便于拉紧以显声音的洪亮。最后选竹子，一般选择一年到一年半竹龄的竹子为宜，因这段竹龄的竹子比较有韧性，耐拉力，易操作。

会鼓的打法多种多样，我们经常看到的有混鼓、狂欢鼓、舞龙鼓、扁担鼓、花灯鼓等，中间还有各式各样的插曲鼓，在某些特定的场合或者节庆活动中还会有龙舞鼓和狮舞鼓。敲打会鼓之时，多人协作，节奏整齐，鼓声震天，十里之外都能听见。

每年除夕之夜至正月元宵，马山壮族地区的村屯常举行娱乐性会鼓表演，鼓的数量不限，每个村屯依据自己的能力与喜好确定鼓的数量与打击方式。而作为比赛的会鼓就有固定要求，形式也多样，有单鼓擂击对抗，也有鼓阵敲击对抗。鼓阵可大可小，最后以鼓声洪亮强劲、鼓点变化多端、声音持续长久来评判输赢。因为代表着本村屯的实力，参赛成员是精挑细选的，个个身强体壮，力量和耐力都是百里挑一。只有这样，敲出的鼓声才能刚劲有力，鼓点才能变化多端，表演才能更具有观赏性和艺术性，气势更加宏伟震撼，给人以力量的冲击！

壮族会鼓植根于壮族民间文化土壤，千百年来绵延不断、鼓声不停。马山县现存的牛皮鼓，大多有一段久远的历史。1956年，广西壮族自治区博物馆将一面近400年的牛皮鼓作为文物收藏。2008年，壮族会鼓列入广西第二批自治区级非物质文化遗产名录。2021年，壮族会鼓习俗列入第五批国家级非物质文化遗产代表性项目名录。

香火龙飞上九天，舞龙娱人又娱天

　　身着芭蕉衣，踩着师公舞，踏着八音，舞起巨龙，祈求巨龙醒来呼风唤雨、天降甘霖。这便是流传于壮族地区的芭蕉香火龙。自古以来，邕江两岸芭蕉林郁郁葱葱，树干笔直，果实抱团

● 南宁市大塘芭蕉香火龙

长，霜打火烧心不死，因此芭蕉代表的是忠心耿直。传说，有一年天下大旱，神龙沉睡于深潭，为求神龙降雨，壮族人民将缠绕着藤的芭蕉树丢入深潭，以示人们对神龙的忠诚，期盼神龙翻身降雨。所以，流传至今的芭蕉香火龙仍然保留着潭边请龙、醒龙、龙翻身、龙戏珠、龙驾雾、龙降雨、谢龙、请龙归潭等一整套完整的仪式过程。

芭蕉香火龙源起何时？相传很久以前，长塘一带大旱，在当地修炼的南海龙王太子巴龙化身芭蕉林，供缺粮的老百姓摘蕉叶、剥蕉秆充饥，渡过了灾荒，不料巴龙反被玉帝责罚。长塘一带的百姓得知后，集体以芭蕉叶为衣，起舞告天，为巴龙请愿。这一年的正月十八，长塘一带电闪雷鸣，接着下起了倾盆大雨，长塘一带漂来许多芭蕉树，其中有个木刻的笑佛栩栩如生，大水冲了好几天都没有冲走，百姓们认为是巴龙显灵了，就把它立为土地神供奉。自此之后，逢年过节，特别是农历正月十八，当地人就会用芭蕉叶扎龙插香，在田间地头舞芭蕉香火龙纪念巴龙并祈福。

舞龙的村民全身用芭蕉叶打扮——头戴尖角头巾，肩挂披巾，围着短裙，脚穿草鞋，一片绿意盎然。芭蕉香火龙以九节竹子为编织核心，用芭蕉绳捆扎，将之连成一体，再用芭蕉壳装饰，扎上芭蕉叶，在龙头、龙身上遍插点燃的香火，谓之"龙飞九天"。舞龙活动开始前要举行设坛请圣仪式，由师公用朱砂点龙睛开光，之后，师公带上祭品等到邕江边举行迎龙仪式。芭蕉香火龙开光之后才开始舞龙，并挨家挨户巡游祈福。游经各家各

● 八月十五舞芭蕉香火龙

户时，户主都会出门放烟花鞭炮以示欢迎，并争抢着拿出最好的香插到芭蕉香火龙上，然后在龙头处取下三支"龙头香"回家插到家族祠堂的香炉中，祈求其护佑家族五谷丰登、人财两旺、六畜兴旺。

壮族芭蕉香火龙的舞步也是自成系统的。其不采用现代舞蹈编排，而是源自古老的壮族师公舞，以师公麒麟舞步、九罡舞步为独特的舞步呈现方式。

芭蕉香火龙如今不仅出现在壮族传统节庆中，也出现在各种庆典、文化展演交流、群众文化活动中。

2010 年，南宁香火龙舞（青秀区壮族芭蕉香火龙舞、良庆区香火龙舞）列入广西第三批自治区级非物质文化遗产名录。

刀山火海浑不惧，试问哪个敢比拟

　　敢上刀山，敢下火海，视之为勇士也。在广西壮族、瑶族、汉族等地区，就有一种绝技杂艺，叫"上刀山，下火海"。

　　"上刀山，下火海"据说源于人们对火神的敬畏。少数民族地区大多山高林密，雷火时有发生，在人们的心目中，火是天神所降，非常神圣。人们相信经过火的洗礼之后，可以消灾解难，祛除巫邪，求得风调雨顺、五谷丰登。

　　上刀山，就是在木梯上安装锋利的刀子作为梯级，人赤足踏在利刃上上上下下；下火海，是在地上堆积起燃烧得火红的木炭，长十余米，人赤脚从红通通的木炭上走过。在表演的过程中，辅以大鼓、锣、钹、铙等乐器演奏助兴，表演过程扣人心弦，总能引来围观人群的阵阵欢呼声。

　　流传在广西地区的"上刀山"和上述表现形式大体差不多，有些地区"上刀山"的表演过程中还有"口含铁犁头"等惊险绝技。而"下火海"却有几种形式：一种是将若干个铁犁头烧得通红，赤足踏在上面疾行而过；一种是走过燃烧得通红的炭"火海"；还有就是"走足灯"，即用竹筒做成的灯排成行，一步踏

一灯地走过，依然灯火熊熊，神奇至极！

"上刀山，下火海"的神秘之处在于人在"刀山"上、"火海"中走过，脚却完好无损，整个过程可谓惊心动魄，令人称绝！秘诀在哪儿呢？"上刀山"的步子要"稳、准、狠"，一脚踩稳，绝不能移动，不然就会被割伤。"下火海"的关键就在于喷出的那一口水，水喷洒上去的瞬间可起到降温的作用，脚迅速踏过可安然无恙。当然这些仅仅是我们看到的，我们所不知的是在表演的背后，表演者多少个日日夜夜都在艰苦训练，并经历过无数次受伤，脚上磨出厚厚的老茧，才练就了我们所看到的惊心动魄的精彩绝技。

2014年，破网上刀山列入广西第五批自治区级非物质文化遗产代表性项目名录。2018年，马山加方上刀山下火海列入广西第七批自治区级非物质文化遗产代表性项目名录。

稻草龙舞祭稻神

　　早前人们从事水稻耕作时，常常难以抵御禽兽抢食、旱灾和涝灾，人们便想到了用稻草扎成人或兽的形状放在田边，将禽类兽类吓跑，后来演变为扎成神龙的样子祭天求雨。水稻是我们赖以生存的主要粮食之一，对稻谷怀有尊崇和敬仰之心，祭拜稻神，敬畏自然，在隆安壮族聚居的地区仍能窥见。隆安壮族有稻神节，每年农历六月初六，家家户户准备祭品，用扁担挑着清早准备好的熟鸡、猪肉、米粉或米饭等到田间祭祀，燃香烧烛，祭祀稻神。稻神祭习俗的起源已无从考证，但其坚韧的文化信仰却在民众中世代流传。农历六月正是晚稻抽穗、扬花、灌浆的关键时期，收成的好坏往往就看这个时期。传说六月六是稻神娅王的生辰，所以这一天需请娅王、拜娅王，不然水稻便会空心，不低头结穗。

　　在隆安县壮族聚居的地区，每年春节、农历五月十三庙会、农历六月初六的"祭稻神"，都会举行稻草龙舞活动，以春节为著（时间从正月初一至十五）。稻草龙由龙头、龙尾和7节龙身组成，龙身上还用稻草编织了龙鳞，龙鳞多达1000多片，配以

高耸的龙脊和两只张开的龙爪，用竹篾制作骨架，用纱纸搓成绳子捆扎联结，然后在龙头、龙身、龙尾等处点缀色彩斑斓的彩绘。最后，需择吉日焚香祭神，由德高望重的族长或稻草龙的传承人用毛笔蘸朱砂点睛开光，一条栩栩如生、仿佛随时能够腾旋起飞的稻草龙便制作完成了。稻草龙一般为一对，分别为25米和18米。舞龙的有男有女，女的舞一条，男的舞一条，红黄为男，青蓝为女。一组10人，9人掌龙，1人掌龙珠，龙前还有20多人敲锣鼓、扮演"虾兵蟹将"、掌彩灯、转罗伞等，整个舞龙队伍竟有40多人。

稻草龙舞祭稻神。稻神祭活动期间，文化活动异常丰富，稻草龙舞就是其中特别受欢迎也十分出彩的活动之一。此时，稻草与人们所祭的稻神仿佛融为一体，以滋养大地、稻神之身所附的稻草编织成龙，稻草龙在空旷的田野中翻腾、跳跃，犹如稻神舞动，给天地人间带来吉祥和祝福。

稻草龙舞，舞动春节。稻草龙走街串巷、穿门入户，舞出五谷丰登和吉祥万福。人们经常上前抢拔龙须，扎于自家鸡笼、猪圈、牛栏和谷仓，以求六畜兴旺、五谷丰登和平安吉祥。

稻草龙舞，舞入元宵。到了正月十五送龙入海的日子，双龙翻滚，舞到江边，即点火焚烧，扬灰于江水，表示祥龙已归大海。此时，春耕播种即将伴随着春风细雨而来，掌管云雨的祥龙已归入大海，将带来风调雨顺的好年景。

2016年，隆安稻草龙列入广西第六批自治区级非物质文化遗产代表性项目名录。

千人齐跳竹竿舞

大鼓一敲响，竹竿撞竹竿，发出声声脆响，身着民族传统服饰的青年男女，在竹竿间来回跳跃，舞姿优美，歌声嘹亮，汇成一片欢乐的海洋。

千人齐跳竹竿舞是"壮族三月三"一项特色的传统民俗活动，动作简单，却极考验人的灵活性，厉害的人甚至能手拿扇子、帕子等道具跳着竹竿舞表演不同的动作，非常精彩和欢乐！

据传，壮族竹竿舞以前是在葬礼上跳的一种舞蹈，是对那些长寿老人过世后的一种祝福，演变至今，成了以迎客共舞、庆丰收之喜为主的娱乐性舞蹈。

壮族竹竿舞的舞蹈形式简单却多样。两根大竹竿为枕竿，分两边平摆在地上，垂直于枕竿平行放置着双数的竹竿作为打竿，操竿者两人一组蹲在枕竿后操作打竿。一鼓手有节奏地打着鼓点，操竿者按照鼓点的节拍，敲一下枕竿，合一下打竿，发出"嘀嘀嗒嗒啪啪"的响声，表演者或宾客在竹竿的空隙中跳动，可以单跳、双跳或多人跳，边跳边舞，前后左右往复不止。舞蹈动作过去多为模仿蚂蚜、斑鸠等动物形态起跳，如今以动作优

美、活泼欢快为主，直到尽兴为止。

　　1985年以前，壮族竹竿舞主要在武鸣一带的民间流行，是村屯之间联谊的一种竞赛性娱乐活动。1985年起，由政府引导，在每年举办的"壮族三月三"传统节庆活动中，举办千人竹竿舞表演和相关比赛，每年吸引来数万人。壮家青年男女和外地宾客参与其中，千人齐跳竹竿舞，景象十分壮观。

●　"三月三"跳竹竿舞

壮家迎宾跳斑鸠舞

斑鸠在古代用以象征忠贞的爱情和友情，而在一些壮族聚居地区，传说斑鸠是协助天神驱妖的神鸟。

斑鸠舞以模仿斑鸠的生活习惯和动作为舞蹈形态，壮话称为"莽罗娄"（"有趣的斑鸠"之意）。每年农历八月十五，庆祝金秋丰收、祈求吉祥安宁的"调大排"活动进行之时，斑鸠舞就会隆重上演。

斑鸠舞其实是壮族师公舞的一种，传统上由3～6名师公进行表演。表演者头戴用竹篾扎骨架、外裱以布、用彩色绘就的斑鸠头，身披青白相间的坎肩，下穿与坎肩同色系的开摆裙。"舞者且舞且唱，表现出斑鸠吃谷、晒翼等姿态。唱词内容，系歌颂农家丰收"。表演者时常两手展开，象征斑鸠展翅飞翔。舞蹈内容有戏水、求爱、耍沙等，动作由摆翅、揉嗉、耍尾、耍翼、归巢、理毛等组成。"求爱"时，两名舞者相对，一俯一仰，表示亲昵；"玩耍"时，一名舞者抱起另一名舞者旋转，再放下，然后脚对脚地向相反方向仰卧，四脚相交，向同一方向翻滚，第三名舞者在他俩的身体上方跨来跨去。演技高超者，一个前俯，四

● 壮族民间斑鸠舞

肢着地，另一个从其背上翻滚过去，立即前俯着地，如法炮制。
如此循环翻滚、跳跃，表演者熟能生巧，动作潇洒轻巧，将斑鸠
的形象表现得活灵活现。

　　表演斑鸠舞时，有师公队乐师击乐伴奏。表演者边舞边穿插
演唱《斑鸠调》，唱述"斑鸠在歌唱，蝴蝶在飞舞，人们敲锣打
鼓，生活甜蜜"等美好生活场景。

　　如今，斑鸠舞的神秘面纱已被摘下，一些壮族聚居地区迎宾
也跳斑鸠舞。随着唢呐、笛子吹响，亮翅、振翅、跳步、前进，
表演者轻盈起跳，屈膝下蹲，旋转跳跃，相携跨步前行。

吹起芦笙跳起舞，哪管白天和黑夜

　　苗族是一个喜歌善舞的民族，尤其是吹起芦笙跳起舞，那是不分白天和黑夜，无论男女老少都会参与的群体性狂欢。

　　芦笙舞，又名"踩芦笙""踩歌堂"等，芦笙奏乐，以舞蹈为伴，自吹自舞，芦笙和舞蹈相生相伴、相得益彰。芦笙舞是流传在南方少数民族地区的一种民间舞蹈，广受少数民族同胞的喜爱。

● 芦笙舞表演

● 融水安陲吹大芦笙

　　从已出土的西汉铜芦笙乐舞俑分析，芦笙舞至少已有两千年左右的历史。而在一些文献中也有对芦笙舞的记载，如明代《南诏野史》中有"每岁孟春跳月，男吹芦笙，女振铃唱和，并肩舞蹈，终日不倦"的记载。清代《贵州通志》中也有"每岁孟春……男女皆更服饰妆。男编竹为芦笙吹之而前，女振铃继于后，以为节并肩舞蹈，回翔婉转，终日不倦"的记载。

　　芦笙舞有集体舞，有单人舞。集体舞的舞蹈动作相对简单，节奏明快，适合群众参与；单人舞的舞蹈动作则比较复杂，技巧性高，有一定的难度。

芦笙舞在不同的主题或场合，舞蹈动作是不一样的。从传统分类来看，芦笙舞的主题主要有丧葬祭祀、竞技娱乐、爱情风俗三种类型。第一种类型是以丧葬和祭祀为内容的芦笙舞，是一种乐舞，为丧者而舞，在棺墓上边吹边跳，吹跳一阵后，又跳进棺材内躺着吹，如此连续三次进出棺材，死者方能入棺。出殡前，奏送葬乐，芦笙手边吹边跳出门，连续进出门三次，众人才抬棺上山。此类型的舞蹈动作比较简单，以"芦笙十字步"为主，芦笙的曲调也以哀伤沉重为主。第二种类型是以竞技娱乐为内容的芦笙舞，是一种竞技类舞蹈，以显示芦笙手们高超的舞蹈技巧，而这高超的舞蹈技巧包括"梅花桩""滚地龙""翻刀剑""滚油锅""花架舞""芦笙顶碗""芦笙对脚"等。第三种类型是风俗性芦笙舞，是青年男女表达爱意的一种方式。苗族青年男女盛装打扮来到芦笙坡参加定情盛会，男青年吹起芦笙进行引舞，女青年进入芦笙场地，男男女女围成一个圈，奏起芦笙，翩翩起舞。如若男青年有意，则会对着喜爱的女青年吹起示爱的歌；如若女青年有意，则会把自己绣的花腰带一头系在自己看中的男青年的芦笙上，自己牵着花腰带的另一头跟着男青年一起跳舞。

在隆林地区，苗族的芦笙会"说话"。吹奏芦笙时，它的每个音都有对应的字词，那些想说的而又说不出口的话用芦笙来交流是最好不过的了。隆林的芦笙吹奏起来还像唱歌，旋律感非常强，曲调婉转动听，如同娓娓道来，是吹芦笙者情感的倾诉与抒发。

2016年，苗族芦笙舞、融水苗族芦笙音乐列入广西第六批自治区级非物质文化遗产代表性项目名录。

跳起钱鞭舞，喜庆又吉祥

　　铜钱穿在牛鞭上，跳起钱鞭舞，寓意人寿年丰、吉祥如意。钱鞭舞又名"钱尺舞"，顾名思义，以钱鞭为舞蹈道具。钱鞭舞流传至今已有300多年的历史，是桂东南地区一种集民俗、娱乐为一体的表演形式。它是以牛鞭（现在常用竹竿代替）为道具，两头穿洞各串入8～16枚铜钱，再绑上五彩布条，配合舞蹈时抖出"锵锵"之声。钱鞭舞表演一般男女各10人，共20人，寓意庆祝十月丰收。钱鞭舞表演一般套路规范，舞者身着亮丽服饰，动作整齐，舞步欢快，舞姿流畅大方，配唱音乐为《打钱鞭》。

　　关于钱鞭舞，还有一个与众不同的传说：相传古时候，南晓镇（位于南宁市良庆区）花甲山下有个牧童叫阿梦，他自幼父母双亡，8岁就去给地主家放牛，一年四季，风吹雨打、严寒酷暑都不能间断，苦不堪言。他做梦都想牛鞭上串满铜钱，从而改变悲苦的命运。一天，饥寒交迫的阿梦躺在绿草茵茵的山坡上睡着了。他梦见牛鞭上串满了铜钱，扬手挥鞭，铜钱当空飞舞，化作漫天钱雨纷纷落下，许多穷孩子争相捡拾，阿梦的衣袋里也落

● 钱鞭舞

满了铜钱……此时霹雳震天，一道闪电击中阿梦的牛鞭，阿梦惊醒，发现牛鞭竟然变成了金鞭！牛鞭上面密匝匝挂满了铜钱。阿梦美梦成真，得以置办田产，娶妻生子，从此过上了幸福的生活。为了感谢天神，阿梦在牛鞭上挂满钱币，挥鞭朝天舞出"锵锵"的响声，欢歌起舞。此后，人们也学阿梦舞钱鞭祈求好运，在一些喜庆的场合跳起钱鞭舞。

钱鞭舞基本的舞蹈动作主要有壮族舞蹈特色的凤凰手和跳点步，汉族舞蹈特色的兰花指与十字步。特定舞曲为《打钱鞭》，曲调轻松愉快。表演时，演员手执钱鞭按男左女右从两侧登场，伴随节奏敲打肩膀、手臂、腰间、大腿、小腿、脚掌、脚跟，拍打手掌，使钱鞭上的铜钱发出"锵锵"声。舞蹈即将结束时，演员们取出成熟的稻谷、水果、蔬菜等道具，寓意五谷丰登，收获满满。

2016年，钱鞭舞列入广西第六批自治区级非物质文化遗产代表性项目名录。

帽穗在金锣舞里飞扬

　　传说当年的瑶寨，人们好不容易在大石山中开垦荒地种上玉米，但总是遭到飞禽走兽的践踏，为了维持生活，祖先们想了很多方法。第一次，他们想出了敲打竹筒来驱赶和捕捉飞禽走兽的方法，没有成功；第二次，他们敲打铁片，仍然无法赶走这些飞禽走兽；第三次，他们找到了铜片，制成了铜锣，敲击发声，飞禽走兽跑得无影无踪。于是，人们就一直沿用敲击铜锣的方法驱

● 金锣舞

赶飞禽走兽。赶走了飞禽走兽，庄稼有了收成，人们的生活也越过越好。因为铜的颜色似金色，所以人们称铜锣为金锣。再后来，随着生活水平的提高，人们的娱乐方式增加，人们觉得金锣的声音嘹亮，便配以舞蹈，成了"金锣舞"。

每年的春节和农历五月二十九，金锣声就会在瑶寨响起，人们载歌载舞，如痴如狂。金锣舞以集体舞为主，少则三五人，多则几百上千人。舞蹈时，会在活动场地中拉起一条藤蔓或一根绳索，把金锣串起并悬挂起来，也可以将金锣吊于竹架或木杈上。金锣离地面约为 1.5 米，不妨碍舞蹈动作即可。在舞蹈开始前，歌手先是吆喝一声，然后将大鼓快速移到场中央，意为将同胞喊过来一起跳舞。踩着鼓点节奏，来自四面八方的男男女女汇集到晒坪，形成一个男内女外的四层大圆圈。

金锣舞的舞蹈与瑶族人民的自然劳作息息相关。瑶族人民多居住在大石山上，在山间行走时，必须大跨步、高抬脚、脚尖要用力点地，腰部则是扭动发力的主要部位，加之背背篓会含胸，这些行为习惯在金锣舞里皆有体现，如"高抬腿击锣""靠步和急转点锣""双槌过头和背击"等。

另外，金锣舞最有意思的舞步是"醉步"——表演者在跳舞的时候会表现出醉意，将倒而不倒，动作狂放、肆意。而在服装上，表演者穿着黑色调的传统民族服饰，在急转、背击等舞蹈动作中，那黑色服饰中的彩带如五颜六色的帽穗随之飞扬，美丽无比。

2014 年，瑶族金锣舞列入第四批国家级非物质文化遗产代表性项目名录。

壮家跳起蚂蚜舞，青蛙你是雷神使者

广西人称"青蛙"为"蚂蚜"，蚂蚜是壮族图腾崇拜的动物之一，深受壮家人的爱戴和敬仰。在壮家神圣的祭祀活动仪式中，跳蚂蚜舞就是其中最重要的形式之一，人们通过模仿蚂蚜的各种行为动作来表达对蚂蚜的无限感激和崇拜。

壮族是稻作文化民族，壮族聚居地区的民间图腾崇拜与自然崇拜的雷神密切相关。人们认为青蛙（蚂蚜）是下凡的天神，是雷神的子嗣，是雷神使者，所以壮族以蛙神青蛙作为图腾，通过祭拜蛙神祈求雨水，祈求水稻丰收。

作为壮族人民心目中的雷神使者，青蛙在壮族人民的生活中处处留下印迹，蚂蚜的形象深入人心，最远可追溯至世界文化遗产——左江花山岩画文化景观上的蛙人。壮族有流传久远的《蚂蚜歌》，过蚂蚜节，跳蚂蚜舞，壮族人禁杀青蛙、禁吃青蛙。壮族的铜鼓上屹立着一只只小青蛙，壮族的刺绣中绣有诸多蛙的形象，壮族的生活用具中也有很多蛙的造型。

蚂蚜舞是广西壮族蚂蚜节的一个系列舞蹈，舞蹈的主要内容为祭祀蛙神与拜铜鼓，表演者必须为男性。蚂蚜舞由十几个片段的舞蹈组成，分祭祀、征战、劳动生活不同主题，舞蹈的时候因不同主题佩戴不同种类的面具，"蚂𧒄出世""敬蚂𧒄""拜铜鼓"表达的是对蛙神的憧憬，保佑村寨平安；"征战舞"用来展示壮家男儿身强体壮、骁勇善战；"插秧舞""耙田舞""打鱼捞虾舞""纺纱织布舞""庆丰收舞"等表达人们对于劳动及收获的喜悦，以及对来年美好生活的祈求。蚂𧒄舞的舞蹈动作基本以拟蛙为主，基础造型为四肢展开，两肘弯曲至平肩，双腿半蹲，作青蛙站立状。行走的舞蹈动作为蛙状跳、蛙步、走"之"字，有双足跃地而起，也有单足跳动。

2006年，壮族蚂𧒄节列入第一批国家级非物质文化遗产名录。

● 壮族蚂𧒄节"插秧舞"

广西民间体育竞技

抢花炮，民族的体育盛宴

抢花炮，在广西汉族、壮族、瑶族等地区都有流传，由于抢花炮场面壮观，对抗性强，被誉为"东方橄榄球"。

壮族抢花炮以南宁市邕宁区举办的最为隆重和热闹，2007年，壮族抢花炮列入广西第一批自治区级非物质文化遗产名录。2014年，汉族抢花炮列入广西第五批自治区级非物质文化遗产代表性项目名录。2016年，富川瑶族抢花炮列入广西第六批自治区级非物质文化遗产代表性项目名录。2021年，抢花炮（壮族抢花炮）列入第五批国家级非物质文化遗产代表性项目名录。

每年农历二月初二，人们杀猪宰羊，抬着全猪、全羊到土地庙和龙王庙祭祀土地神、龙王，祈求当年风调雨顺、五谷丰登，抢花炮便是其间颇受欢迎的一项民间传统竞技活动。抢花炮源于古代放炮还愿酬神仪式，那些无子嗣的人家认为求得花炮便能得子，于是抢花炮活动变为求子嗣的争夺，发展至今，除了求子嗣的寓意，还成为争夺村寨福祉荣耀的竞技活动。

抢花炮不是单纯的争抢花炮，而是包含炮王还炮、村庄游

● 融水苗族抢花炮

炮、正式抢炮、接炮祈福四个环节。炮王还炮：由上一届的头炮
获得者把供奉的花炮福牌归还至游炮队伍，并举行接福仪式。村
庄游炮：还炮之后便进行游炮，游炮队伍分为两组，一组跟随炮
王去接炮之后在文化广场等候；另一组从村寨的文化广场开始游
行，两支队伍会合之后组成游炮队，按照既定路线游行至寺庙，

最后到达抢花炮活动空地附近。正式抢炮：花炮台装饰得非常漂亮，五颜六色的，周围布满了烟花、礼炮、散炮、挂鞭。一般抢三个花炮，有的地方抢五炮。头炮寓意人丁兴旺，二炮寓意五谷丰登，三炮寓意吉祥如意，四炮寓意大富大贵，五炮寓意寿比南山，涵盖"丁""财""禄""福""贵""寿"。接炮祈福：抢到花炮后，接回家进行供奉，寓意接福回家。

抢花炮的日子里，成千上万的男女老少都穿上节日的盛装，

● 金禄花炮

一大早就争先恐后地涌向草坪，给本村坡的花炮选手呐喊助威。抢花炮的精髓部分就在于抢，但怎么抢，也是有仪式和规则的。主持人宣布抢花炮开始后，将红炮圈放在"地连"（一种土制的发射器）的铁炮筒口上，然后点上火药放炮，红炮圈被射上高空，各村坡的选手争先抢夺，全场欢声雷动。红炮圈有时落在平地上，有时也可能落到水塘里或山坡上、屋顶上、树枝上……无论落到何处，大家都争先恐后地或跳到水塘里，或爬到山坡、屋顶、树枝上去争抢。抢花炮时，各方都要严守规矩，不打人、不踩人，不弄虚作假，全凭智慧、力量和速度去抢，抢到红炮圈并送到庙里的裁判台上的选手为获胜者。所以只是抢到花炮还不算最后胜利，抢的过程中要有团队意识，要相互配合佯攻，真真假假，虚虚实实，避人耳目，把花炮送到庙里，如若半路被人截走就前功尽弃了。

当选手把红炮圈送到庙里的裁判台上后，庙里便钟鼓齐鸣，鸣炮三响，以表示头炮的争夺胜利结束。接着还有二炮、三炮的争抢。三炮争抢完毕后，唢呐声、欢呼声、鞭炮声犹如山呼海啸，响成一片，经久不绝。

凡是抢得头炮者，来年的抢花炮活动便由该村坡主办。获胜的奖品一般是一头染红的大肥猪和奖金。哪个村坡连续抢到花炮，寓意该村坡连年五谷丰登，姑娘们也更愿意嫁往这样的村坡，因此参加抢花炮的各村坡青年可是使出浑身解数，皆因抢得花炮后议亲更容易。

扁担长扁担短，扁担声声禾黍丰

　　"正月春堂声轰轰，今年到处禾黍丰。"壮族打扁担，壮语称为"打鲁列"，是以扁担和板凳作为道具，模拟农业生产劳动"春堂"的一种传统舞蹈，极具壮族文化特色。所谓村村寨寨响起春堂声，今年便是禾黍丰收年。

　　打扁担，古称"打春堂"，也称为"打榔"。打榔的习俗历史悠久，唐代刘恂《岭表录异》有载："广南有春堂，以浑木刳为槽……皆有遍拍。槽声若鼓，闻于数里。虽思妇之巧弄秋砧，不能比其浏亮也。"民国时期的《隆山县志》也有关于"打春堂"的记述："打春堂之习，相传久矣，今犹未衰。每年农历正月初一至元宵为自由娱乐期间，妇女三五成群，作打春堂之乐，其意预祝来年风调雨顺，五谷丰登，人畜安康。"从"打春堂"到"打扁担"，从浑木到长凳，器具更加简单，更易制作和携带，也是适应环境和生活需要的演变。

　　打扁担的动作非常质朴，反映的就是人们犁田、插秧、收稻谷等从耕种稻田到稻谷收获入仓的主要劳动过程。打扁担时，人们双手持一根扁担，围在长凳旁，用扁担打击地面、木凳的面及

● 打扁担

侧边。扁担之间互相击打，上下左右，站立下蹲，转身跳跃，原地前进等动作互相转换，配以竹筒、皮鼓伴奏，有时还配合喊出"嗨嗨"的呼声。整体节奏有轻重、有强弱、有快慢，错落有致、起伏有度，气氛热烈欢快。

起初，打扁担多出现在每年正月初一至正月十五的敬神仪式上，通过打扁担告祈苍天护佑村寨平安无事、风调雨顺、五谷丰登。现在，打扁担经常出现在重大节庆活动、婚嫁乔迁等红事喜事、大型庆典，以及一些群众性娱乐活动中，增添喜庆、祈福和热烈气氛。

扁担是壮族生产劳作的重要工具，也是壮族青年男女的定情信物。《侬人担歌》记载："峒人多用木担聘女，或以赠所私者，壮人的一种风俗。"壮族民间下聘，男方以扁担为礼，如中意哪个姑娘，就赠以扁担。扁担经小伙用心雕刻细画，两头画上龙和凤，中间用五彩描画上一个个边框，每个框内写上或刻上男女双方爱的盟誓，内容多以山歌为主，在歌圩之日以此作为贵重礼物赠予对方作为定情之物。

2008年，壮族打扁担列入广西第二批自治区级非物质文化遗产名录。2021年，壮族打扁担列入第五批国家级非物质文化遗产代表性项目名录。

一根木棍俘获了壮族男女老少的心

"壮族迪尺"（"迪"为壮语"打"的音译）又名"打鸡头""打勒则"，是壮族男女老少都喜爱的一种民间传统体育竞技活动。广西汉族、瑶族、苗族等聚居的地区普遍有这项活动，俗称"打棍""打尺"。2014 年，壮族迪尺列入广西第五批自治区级非物质文化遗产代表性项目名录。

壮族迪尺主要工具是母尺和子尺两根木棒。截取一条长约 35 厘米、直径约 4 厘米的圆木棍作为迪尺的母尺，子尺则是由一条长约 15 厘米、直径约 4 厘米的圆木棍制成，有些地方还备有一根长约 45 厘米、直径约 4 厘米的圆木棍作"撩尺"。以前在农村，每到寒假，一大帮孩子便跑到田间去玩"打鸡头"，在泥地里挖个小坑代表鸡穴，将子尺横放在小坑上，圈好阵地，分为两方。还可以选择在草地里或者开阔的水泥地面，如在水泥地面上，就放两块砖头，表示鸡穴。

壮族迪尺的玩法可以是两人，也可以是多人。

两人的玩法先以划拳或猜物的形式确定谁来当打尺人。打尺人、接尺人的角色确定后，打尺人把子尺横架在鸡穴上，把母尺

或撩尺的一端落在穴内紧靠子尺中段，接尺人则跑到对面认为合适的地方等候接尺。打尺人用母尺或撩尺将子尺挑向最远处，然后把母尺横放在刚才子尺的位置上。这时，接尺人如已接到了打尺人射出的子尺，这个打尺人就没有资格继续打尺了；若接不住，接尺人可捡起子尺投向母尺，击中母尺，打尺人也同样失去打尺资格，两者互换角色。再次开打时，打尺人先将子尺放入穴坑内，使其三分之二在穴坑内，其余在穴坑外，接着用母尺击打子尺，使子尺弹跳离坑，然后用力猛击一棍，将子尺击出。最后，按接中子尺几根、击中母尺多少次论输赢。

多人的玩法先分成甲乙两组，再确定出手次序。在比赛前，首先要"挑尺"，即甲乙组各派一人用母尺或撩尺将子尺挑向远方，谁的尺子远，这一组代表打尺方，另一组代表接尺方，进行第一次打尺。若甲组为打尺方，甲组先派一人打尺，若乙组接不到子尺也击不中母尺，即由甲组成员按顺序进行。乙组可按顺序一个一个接，也可全部成员接，按接中子尺几根、击中母尺多少次计分。甲组打完后，双方角色转换。也有一些地方是用母尺来量接不中的子尺距离母尺的长度累加计分的。

壮族地区非农忙时节，男女老少喜欢聚在一块儿玩壮族迪尺，收割后的田间地头是天然的运动场地，将一根长一根短的两根木棍捡起来，便可以组织玩"打勒则"了。从田间地头，不时传出喊声、惊呼声，还夹杂着叹气声，好玩、有趣的壮族迪尺给大家带来了许多欢乐。

壮族地区的羽毛球——香火球

　　你能想象吗？鸡毛、笋壳、香、老鹰，这些组合在一起会成为什么？这些就是制作香火球的主要材料。

　　香火球是流传于广西壮族聚居地区的一种传统体育竞技活动，被称为壮乡的羽毛球。其实，最初的时候，香火球是用来消灾、避邪、祈福、纳吉的，然后渐渐发展为村寨里男性结合习武的民间体育健身项目，后来女性也慢慢加入，再后来就是村寨里同姓、异姓或同族间开展单打、双打、混双等比赛，香火球一时成为可与羽毛球媲美的一项民间体育竞技活动。

　　关于香火球，有一个为人们世代传诵的故事：三百多年前的古元村渺无人烟，因长有许多高大的苦楝树而得名"古楝"。建村伊始，人们种植的农作物经常遭到鸟兽偷食。有时眼看丰收在望，却因守护时稍有懈怠，庄稼就被鸟兽抢食一空，村民苦不堪言。好在冥冥中得到神的恩赐与启迪，村民用鸡毛、笋壳等制作了貌似老鹰的球体，驱赶鸟兽，保护农作物，取得了好收成。因所制的球中插香，故称香火球，也称丰收球。自那以后，古元村及周边的壮族、汉族村民每逢春节，就制作大量

的香火球。一是方便春节后拿到庄稼地里悬挂，以保护庄稼；二是用于平时的娱乐或比赛活动；三是感谢神的恩德，祈祷新的一年又是丰年。

香火球的制作比较简单，将三五张自然剥落的笋壳叠在一起粘贴压紧，剪成直径 4 ～ 5 厘米的圆板，用针线缝实，中间竖一截小竹筒，内置两枚铜钱，两枚铜钱之间留一定距离，这样抛球时两枚铜钱才可互相撞击，发出悦耳清音。再将小竹筒的一端剖开 8 ～ 10 片，每片自上而下弯折，笼成圆球形，插三支点燃的香。竹筒上端插上五色鸡毛，鸡毛必须用同一侧的羽毛，这样拍打时香火球才能旋转，羽毛以长而鲜艳为佳。一个完整的香火球就制成了。

香火球娱乐活动对场地要求不高，空旷地、草坪、房前屋后均可，场地的大小宽窄也没有严格要求，视场地的条件而定。参与人数也是可多可少，男女均可，以留足场地内人员能够较轻松地腾挪运动的空间为宜。如果是比赛，则比较严谨，需先到土地庙焚香祭拜方可进行。比赛的时候，用麻绳做边线，球出线外属违例。可进行单打、双打、混双等比赛，一般以 5 局为一场，每局打 15 个球，胜 3 局的为赢方。

2008 年，壮族香火球列入广西第二批自治区级非物质文化遗产名录。

从飞砣到绣球，抛出一条传情达意之路

"绣球飞过坡，情意投给哥。"抛绣球，是流行于壮族民间的一项群众性文化娱乐活动，节庆、庙会等聚集性活动都少不了抛绣球这项游艺活动。

绣球，最早源于古代狩猎和战争的一种兵器"飞砣"，用青铜铸造而成。随着社会发展变迁和生产生活水平提高，至宋代时期，飞砣的材质已由青铜转化为轻便的豆粟、木糠等物，功能上也由原来的狩猎和军事功能演变为娱神、娱人，进而成为男女之间传情达意的工具。南宋朱辅《溪蛮丛笑》记载："土俗。岁节数日，野外男女分两朋，各以五色彩囊豆粟，往来抛接，名'飞砣'。"宋人周去非在《岭外代答》中的记述更为明显："男女目成，则女受砣而男婚已定。"电影《刘三姐》中三姐与阿牛哥以绣球为媒的爱情故事感动了亿万观众，绣球也因此扬名天下。

关于绣球，在壮乡有一个流传很久的故事：壮家一对青年男女情投意合，新婚之夜，新娘被山上的妖精抢去，关在山上洞中的石楼里。新郎和乡亲们追到山脚下，看着陡峭的绝壁，无法登山。忽然，从山顶抛下一个绣球，落在石楼的窗台上，新娘急忙

爬上窗台，抓住球带滑到了山脚下，妖精追下山来，新郎将绣球
抛出，绣球变成一团熊熊大火，把妖精烧死了。人们认为是绣球
使这对新人获得了幸福，便做了许多绣球，互相抛绣球唱歌来庆
贺。在田东县有一首流传许久的绣球歌：

● 抛绣球

绣球飞过坡

女：绣球飞过坡，

　　妹心红似火，

　　落在哥身上，

　　情似右江河。

男：绣球飞过坡，

　　接了心欢乐，

　　乐接妹绣球，

　　乐与妹对歌。

女：绣球飞过坡，

　　心随绣球落，

　　心随绣球去，

　　哥接慢抚摸。

男：绣球飞过坡，

　　妹情暖心窝，

　　我俩似绣球，

　　连成一朵花。

女：绣球飞过坡，

　　情意投给哥，

　　丝绸裹妹心，

　　丝绒连脉搏。

男：绣球飞过坡，

　　红花绿叶托，

同根又同枝，

连心树一棵。

…………

作为抛绣球的工具，绣球色彩斑斓，图案多样，形状各异，有圆形、方形、菱形的，大小不等。它多以红、黄、绿三色布做底，在其上用色线或色布绣制壮族人民所熟悉和喜爱的动物、花草、祥瑞等图案，合成花球状，瓣数一般为6、8、12，合成之后在下端系一根五彩的丝坠或重穗子，方便抛投。

抛绣球的方式非常多，传统的抛绣球是平抛，女性直接抛向男性表达情意；现在有背篓抛、高杆抛、花样抛等。背篓抛，是一人背着背篓，另一人将绣球抛（投）进背篓；而高杆抛，则是立起高约9米的长杆，杆顶是一个直径约1米的圆圈，绣球抛出后要穿过圆圈，这与篮球投篮颇有异曲同工之妙。背篓抛、高杆抛均可以作为个人赛、团体赛进行。

抛绣球发展至今，已不仅仅是传递爱情的文化符号，也不仅仅是壮族民间年节、聚会的一种游艺娱乐活动，更成了一种体育竞技活动，融入学校体育运动、社区群众活动，甚至成为广西少数民族运动会的比赛项目，列入南宁市中考民族体育项目。

抛绣球技术动作简单，易于掌握，能锻炼人的体力、意志，能促进人们的友谊，是一项传情达意、娱乐身心、强身健体的民间游艺竞技活动。2012年，壮族抛绣球习俗列入广西第四批自治区级非物质文化遗产代表性项目名录。

斗马，力与勇的较量

见过斗鸡、斗牛、斗蟋蟀，你可曾见过斗马？在广西苗族地区，素有"家无马不雅，坡节无斗马不成坡"之说。

斗马，苗语音译为"相迷希尔"（放马相咬之意），是苗族坡会的主要娱乐活动之一，在农历正月"芦笙节"、六月六"新禾节"、八月十五中秋节尤为隆重。

斗马的场地相对于斗鸡、斗蟋蟀而言要宽阔得多，而且一般要设在山寨与山寨接壤的地方，要求四周有山坡，中央有平地，如同赛马场一样，既有马的斗场，又方便观众观看。

斗马要选择一匹好马。首先，相马就是一门技术活，相马者的眼光要够老、够毒。善打好斗的烈马，其长相特征是头大，嘴巴勾，耳朵小，四蹄端正，肚子小，头部和尾部的毛特别密，体形两头厚实，中间薄，利于打斗。马毛长成的旋儿，在眼睛的上部为好马，在眼睛的下部意味着常装眼泪，不讨喜，为老马。其次，养马非常讲究。养马要养雄马，平时用草料、米糠喂养，比斗前要加营养，用黄豆粉拌碎米、红薯、甜酒等喂食；时不时还要将它们放上山浪养几轮，使之膘肥体壮，又带几分野性，一旦

在格斗场上出现，就能骁勇善斗，强悍凶猛。

斗马分四个步骤：一是选斗，即由几个寨子推出若干名多谋善断、为人公道且懂得斗马规矩的中年男子去物色斗马选手，同时兼任裁判；二是编号，由组织者或裁判把报名参斗的雄马进行编号，赛前由马主抽签，两匹编为一队作敌手；三是走堂，赛前由马主牵着各自参斗的马，绕场一圈，接受观众的喝彩和点评，为赛事预热；四是相斗，先由一名胆大心细的骑手将一匹雌马牵进斗场中，再由另外两名骑手牵两匹雄马来与雌马相见，片刻后骑手迅速放开缰绳，两匹雄马为赢得雌马的青睐开始厮斗。

● 古龙坡会斗马乐

● 斗马节斗马场面

　　斗马是一项很激烈的竞赛，为了得到与雌马亲近的机会，两匹雄马使出浑身力气，互相厮斗，或咬或踢，时而双双竖立，时而迅猛追逐，场面紧张激烈。两马相斗，总有一败，获胜的马儿气势高扬，仰天长嘶，向雌马示意。而马场上的观众也看得热血沸腾，欢

呼声、喝彩声迭起，敲锣击鼓助威声援，气氛紧张而热烈。

斗马分初赛、复赛、决赛，最后决出第一、第二、第三名，给获胜的马披红挂彩，马主登台领奖后，高高兴兴地牵着马绕场一圈以表谢意。马主若是后生哥（年轻未婚男子），还会有姑娘向他抛媚眼，邀他夜晚对歌约会。

斗马据传有 500 多年的历史，源于一个斗马招亲的传说：有位居住在元宝山山麓的苗族部落首领老来得女，其女如花似玉、心灵手巧、能歌善舞、聪颖贤惠。到了她十六岁时，首领家的门槛都要被众多媒人踩平了，首领难以选择，不知女儿该婚配哪家小伙子好，想了又想决定让女儿自己选择。

姑娘人美主意大，决定在坡会上通过斗马招亲来选择如意郎君。姑娘崇尚的就是斗马精神——在激烈的搏斗中能夺魁的马匹，犹如马主其人。就这样，姑娘用以马喻人的办法解决了父亲的择婿难题，成就了自己美满的姻缘。此后，坡会斗马在民间广泛流传，而又逐渐演变成为集青年求爱、娱乐、观赏及竞技于一体的民俗文化活动。

打磨秋，须得技高胆大

　　孩子们爱玩秋千，摇来荡去，高高飞起时，感觉很刺激。在广西彝族聚居的地区，人们也爱打秋千，不过此秋千非彼秋千，彝族同胞的秋千，彝语叫"磋逻磋"（音译），汉语称"磨秋"，也叫"磨担秋"，因像推磨般旋转而得名。

　　磨秋的传统制作方法：首先在地上竖着埋进一根粗如碗口、高约 3 米的木桩，木桩露出地表 1.2 ～ 1.5 米，在木桩的顶端凿一个圆洞，横放一根 9 ～ 12 米长的坚木，磨秋就安装好了。为了突出年节热烈的气氛，常在距杆头两边各一米处缠红、黄、绿各色纸，并绑几朵大红花。

　　打磨秋怎么玩？横杆两端围轴而转，两边人数要相等，可以两人也可以 4 人，一般以两人为宜。活动开始，双方各在横杆的一端，手扶腹贴着横杆，然后使劲儿用脚蹬地，人随横杆一起一落地旋转起来。每当旋转的横杆有一端的人降至地面，则继续用脚蹬地，旋转便越来越快。横杆高低起伏，不断旋转，双方便你俯冲、我爬升，我爬升、你俯冲，如转磨般展腾于半空。双方在

● 打磨秋

依杆旋转的过程中，可以对抛绣球、捡花，也可以在旋转到至高点处以腹部为支附力点进行燕式的 360° 平旋，或两腿叉坐、手扶旋杆旋转。

打磨秋凭的是技高胆大，毕竟磨秋飞旋起来可是需要勇气和胆量的。技术高超者可手不扶杆，在蹬地、弹地的瞬间做出许多既优美又惊险的动作，如"飞燕凌空""白鹤展翅""蝴蝶采花""燕子翻梁""仙女散花"等。小伙子们玩得最起劲，忽而像雄鹰展翅，忽而像蜻蜓点水；姑娘们的表演有时像嫦娥奔月，有时又像仙女下凡，可与杂技团的"空中飞人"相媲美。

打磨秋多半在春节和火把节期间进行，是一种节日活动，也是当地青年男女择偶的一种方式。打磨秋时男女各在一头，不断地换上换下，不停地旋转。若是小伙子看上磨秋上的姑娘，就会忙着爬上磨秋的另一头一同转磨。若是几个小伙子同时看上这个姑娘，就会出现"争秋"的现象，彼此争着上磨秋，互不相让。若姑娘不喜欢另一端的小伙子，便在秋杆上移动重心，使小伙子的脚落不了地，或使磨秋不转，表示不中意。若相互喜欢，磨秋打得顺利，则不愿别人换上。

彝族的某些村寨还有"偷秋"的习俗。除夕晚上，邻近村寨的小伙子就会跑到周围几个村去"偷秋"，目的是让邻村的人大年初一都来自己村子打磨秋，大伙儿热热闹闹过个年。因为年三十晚上若自己村子的磨秋被偷，来不及重新制作，第二天过年只有去邻村打磨秋了。因此各村做好磨秋后都要把它认真收藏好，避免被偷走。

2016年，隆林彝族打磨秋列入广西第六批自治区级非物质文化遗产代表性项目名录。

象步虎掌，臂力腿力定输赢

　　相传很久以前，仫佬族人所居住的一个村寨有"两害"：一害是山上的猛虎，经常在村寨出没，叼吃家畜，伤害人；另一害是凶恶的大财主，他为非作歹，经常欺压百姓。这两害弄得老百姓的生活日夜不得安宁，老百姓叫苦连天。附近村寨里有一个专爱打抱不平的少年勒爹，他听到财主的罪恶行径，非常痛恨，决心要整治整治这个大财主，为老百姓出气。有一天勒爹上山去，遇上了那只猛虎，他凭着自己的勇敢和好身手，用刀砍死了老虎。勒爹想把老虎送给山下的穷人，他刚把死虎扛下山，就碰上了恶霸财主。财主要勒爹把老虎给他，并声称老虎是他打死的。勒爹一点儿也不怕财主，他心想：我还没有找你呢，你却自己找上门来了。于是两人闹到官府，县官让他们当场比武，看谁的力气大，老虎就判给谁。两人掌心相对，互相推打。勒爹运用巧力轻轻一推，就把财主推倒了，财主跌得仰面朝天。老虎当然判给了勒爹，财主被打了五十大板，百姓在心里暗暗叫好，觉得出了一口气！

　　因为仫佬族视虎为雄悍的标志，把象看作力量的象征，所以

● 象步虎掌

勒爹使用的这一巧力被称为"象步虎掌"。后来，象步虎掌在仫佬族村寨逐渐流传开来，女子也争相学习。

象步虎掌比拼的是腰腿功力、臂力、耐力与巧力，场地不受任何限制，也不需要借助任何器材，只要在地上画一条50～60厘米长的界河，对决者面对面地站在界河两侧，扎稳马步，伸出双掌相抵。裁判员一声令下，双方手指朝上，掌心相击，用巧力向前推出或向后缩让，使对方脚掌移离原位即可得分。

象步虎掌的比赛分个人对抗赛和集体对抗赛两种形式，比赛过程中，不得越过界河冲撞对方，也不可抓人或拉人。

象步虎掌已被列入我国少数民族运动会比赛项目。

令人称绝的砧板陀螺

打陀螺，是流行于我国很多地方的一种民间游戏。但是你不一定见过形状、大小与砧板相似的陀螺，它直径约 45 厘米、重八九公斤，就问打不打得动？

在广西防城港市峒中镇一带，就有打砧板陀螺的竞技游戏。峒中镇的那丽村埔都组是远近闻名的砧板陀螺村，全村 100 多户人家家家户户都有砧板陀螺。村里的孩子七八岁就开始打陀螺，因为力量较小，就从直径 10 厘米的小的砧板陀螺开始打，随着年龄增长逐渐更换相应的较大的砧板陀螺。

砧板陀螺的制作工艺难度很高，纯手工制作一个砧板陀螺，需要两三天的时间。首先，木材的选择非常讲究，因为重量越大陀螺保持旋转的时间就越长，还要不易开裂的，其中蚬木最佳但是成本高，质地坚硬的龙眼树次之；其次，制作完成的砧板陀螺要非常注意保养，不然容易开裂或者变轻影响旋转，一般要将它埋进水塘的淤泥之中保持湿度和重量。

砧板陀螺的比赛分为掷板型和对打型，往往都以一定的时间为限，看谁打的陀螺转得最久。打陀螺的时候，选手们将一根长

● 砧板陀螺比赛

六七米的绳子缠绕在砧板陀螺的绳槽上，双手抱着陀螺往身体一侧后伸，深吸一口气。裁判哨声一响，就将陀螺向三合板上抛去，巨大的陀螺落下后快速地转动起来。选手们要快速迎向自己的陀螺，蹲下并拿一根木棍调整陀螺的转向，然后用一块小木板迅速将陀螺托起，再稳稳地放在一个中间有洞的木制底座上。这就是掷板型砧板陀螺比赛。而对打型，就显得刺激和"暴力"了。对打型，首先要选出钉方和落方，挑选的方法为双方各派出一名选手，齐拉陀螺着地，陀螺旋转时间长的为胜方，也叫钉方，另一方为输方，也叫落方。然后开始进入正式比赛。落方将陀螺落地拉旋，由钉方的陀螺任意钉打、劈、砍，比赛原则是一次过，不能重复钉打。经过激战，如果落方留在地上的陀螺比钉

方留在地上的陀螺旋转的时间长，则反败为胜。

　　要打好砧板陀螺这个庞然大物，不仅要依靠臂力和技巧，还要有很强的协调性。可以想象，一只手托着八九公斤重的陀螺，另外一只手不停转动，一般人可是很难做到的。在只放一次陀螺、无须继续抽打的情况下，使砧板陀螺可以旋转 25 分钟，那可就是非常厉害的陀螺手了！

　　在峒中一带的村屯，几乎所有小孩、老人都会打砧板陀螺。每逢春节，峒中一带村屯的男性会约定俗成地组织村与村、屯与屯或者中越边民进行砧板陀螺比赛。赛程一般在农历初一至初四，甚至到初七，砧板陀螺日夜转个不停。

　　2018 年，防城峒中壮族砧板陀螺技艺列入广西第七批自治区级非物质文化遗产代表性项目名录。

踩风车，360° 翻杠的风采

踩风车是流行于桂西壮族聚居地区的一项传统体育竞技活动。踩风车之时，青年男女争相竞技，双手吊圈、单手吊圈、站立吊板、360° 翻杠，花样百出，只为赢得一声喝彩，彰显英雄儿女气概！

踩风车的起源与求子有关，据《隆林县志》记载：清朝道光年间，新州镇那么村有一对夫妇，婚后多年不育，两人感觉很孤单，于是在壮族传统节日农历三月三期间立了一个大风车，邀请众人一起玩，缓解节日的寂寞。一连立风车玩了好几年，没想到后来女子竟怀孕并生下了健康的孩子。大家就认为，是因为这夫妇俩每年做风车给大家玩，积了福德才有了子女。于是，那些婚后多年不育者也学着做风车请大家玩，久而久之，形成了风俗，现在，演变成壮族"三月三"节日期间的一项娱乐、竞技活动。

农历三月初三一大早，人们开始立风车，风车与在河边的自转水车的形状和大小差不多，直径 3.33 米左右，全为木制，轴条架在距地面两米高的支架上，使风车悬离地面，风车圆周内吊着 4～6 个坐板，犹如秋千。立好风车后，主办人杀鸡烧香供祭风

车，然后让风车空转三圈，以求风车神灵保佑参加踩风车群众的安全。

踩风车时，一般先单人坐上去，然后有人助转，其他人再一个一个坐上去，就形成了转动惯性。在转动过程中，谁离地面最近，就双脚一蹬，使风车旋转的速度加快，如果同组人互相协作得力，风车每转一圈只需要两三秒钟。

如果是进行踩风车比赛，则以4人为一组，分别手抓木环，先由着地者用力蹬，4人同时绕着圆圈转，转到地面者，再用力一蹬，使风车旋转不停。在比赛规定时间内，旋转圈数最多、姿态最优美者获胜。

2016年，壮族踩风车列入广西第六批自治区级非物质文化遗产代表性项目名录。

● 踩风车

竹篾制成蛋，拍拍打打强身健体

在仡佬族，有一项流传久远的娱乐项目，称"打篾鸡蛋"，又称"打篾球""打竹球"。南宋朱辅《溪蛮丛笑》中记载的"飞砣"在壮族地区称为"绣球"，而在仡佬族人口中则称为"篾鸡蛋"。

篾鸡蛋用竹篾编制，一般用柔韧的楠竹或金竹的细篾。仡佬族用竹子编制篾球始于一个古老的传说：仡佬族的祖先竹王诞生于从水中冲来的竹节中。竹在仡佬族人的生活中占据着重要位置，他们不仅种有满山的竹子，许多日常的器具也多取材于竹。密密麻麻的竹子是财富、多子的象征，也是仡佬族人的精神依托。篾鸡蛋象征着祖先的权威和护佑，谁抢到篾鸡蛋，就相当于把祖先的福佑请到了家里。

篾鸡蛋形如鸡蛋，小的如拳头，大的如足球，分实心和空心两种。实心的篾鸡蛋，内里填充稻草、豆粟、旧棉布等，外层是竹子，涂上各种颜色，宛若彩色的球。

打篾鸡蛋主要流传在广西隆林一带，玩法有"过河""抢球""换窝""抱蛋"等，下面分别介绍这几种玩法。

过河：选择一片宽敞的院坝，中间划一条分界线，以示河的两岸。分甲乙两支队伍，参与人数不等，各站一边，或以手掷篾鸡蛋，或用脚踢篾鸡蛋，篾鸡蛋内装的东西发出沙沙声响，非常喜庆悦耳。最先让篾鸡蛋触及地面一方为输。

抢球：选择一片相对平坦的旷野，人数不限，也不分组。比赛时，由一人先将篾鸡蛋随意抛向空中，其余人随之奔向篾鸡蛋跌落的地方，先抢到篾鸡蛋者，接着扔出去，在比赛时间内扔出次数最多的人获胜。每次篾鸡蛋一被抛出，大家呼喊着冲向同一个方向，再抛出去的时候，大家又欢呼着跑过去，场面非常热烈。

换窝：选择一块院坝或平地，挖一个比篾鸡蛋还要大的圆坑为大窝，四周按参加的人数各挖一个小窝。小窝与大窝相距2米左右，每个小窝站一人，抽签决定1人为进攻者，其余为阻拦者。游戏时，每人手执木棍或竹棍，进攻者赶篾鸡蛋进大窝，赶进为胜。四周守小窝的阻拦者以棍阻击篾鸡蛋，如控制不住使用手抛、脚踢或肢体触及篾鸡蛋，则要退出场地。阻拦时，阻拦者离开了窝，进攻者可抢占其窝，失窝者则被罚去赶篾鸡蛋。赶篾鸡蛋时，进攻者冲破阻拦，将篾鸡蛋赶进大窝时，高声大喊"换窝了"，即宣告阻拦者失败。篾鸡蛋进了大窝，就需要重新换窝，众人呼喊"换窝"时，场上人员要重新抢窝，未抢到新窝者，就只能去赶篾鸡蛋，新的一轮游戏又开始了。抢窝、拦蛋、占窝、进窝、抢窝，如此循环往复，角色不断变换，有时攻有时守，每个人都有机会，靠着灵敏和速度不断调整战术，是技术性比较强的一种玩法。

抱蛋：选择一片院坝或野外平地，两人以上才能组成队伍。玩时先抽签，抽中者将篾鸡蛋放在平地上，弯腰，手撑在地上用身体护着蛋。其他人开始在他周围抢蛋，抱蛋的人用手抓、用脚踢过来抢蛋的人，抓、踢到谁，谁就抱蛋。反复数次，游戏结束时谁抱蛋的次数少，谁就胜出。

打篾鸡蛋是一项极具民族特色的体育竞技活动，打、拍、踢，使人全身得到运动和舒展，仡佬族人在重大节日或者丰收喜庆的季节都会举行打篾鸡蛋活动进行庆贺。

抢粽粑，抢得丰衣足食、生活甜美

　　仫佬族的依饭节有项活动叫抢粽粑。广西罗城仫佬族的人民非常热衷于这项活动，抢到粽粑欢欢喜喜带回家，寓意丰衣足食、生活甜美。

　　粽粑，就是我们平时所说的粽子。在一个平坦的场地上画一个半径约 6 米的圆圈，场地中央摆一张竹方桌，上面放一个有竹编护套的大水缸，缸中盛满水，内装三角粽，再在水缸周围等距离摆放 3 个箩筐，沿着圈定的圆圈边线按等距离设置独竹桥（称"乐登桥"）1 座、竹圈 4 个、竹山门 1 座。参赛人员分为三组，每组一男两女，分别拿着竹筷子、竹夹子、竹笊篱。

　　抢粽粑比赛计算时间的方法非常传统且独特——以滴水竹筒为准。在一个竹筒内盛一公斤水，竹筒底部挖一个小孔以滴漏水珠，以滴完两筒水的时间为一局。滴完六筒水，比赛结束。抢粽粑比赛分三局进行角逐，每一局的方式和形式都不同。

　　第一局为合力抢。三个组的队员同时上场，每个组的队员手拉手，一只脚放开，另一只脚与相邻队友的脚套在一起往前走。走到水缸边的时候，队员分别用竹筷子、竹夹子、竹笊篱从水缸

● 抢粽粑

里捞粽子，捞到后迅速返回放进本组的箩筐内。在规定时间内，捞取粽子最多的组获胜。这一局考验的是队员的默契和协调性，脚套在一起最容易摔跤，往往有些队的队员们太着急了，迈脚不一致，不是被绊倒就是踩脚，非常狼狈。

　　第二局为接力抢。先由手拿竹筷子的队友快速奔向水缸，从水缸里捞取粽粑后快速跑回起点，再沿圆圈线跑，曲身通过山门，寓意辟邪；再独脚跳过竹圈，寓意消灾；然后飞身奔过乐登桥，寓意迎乐。绕圆圈跑完一圈后即刻返回原地，将粽粑交给手拿竹夹子的队友，队友按照同样的路线跑完一圈；最后，由手拿

竹笊篱的队友继续跑，跑完一圈后将粽粑放在箩筐内，再循环跑下一轮，直到规定时间结束，箩筐内粽粑最多的组获胜。这一局考验的是队员的反应和速度，就像接力赛一样，看的人也十分着急，不断给熟识的参赛小组加油鼓劲。

第三局为依次抢。拿竹筷子者、拿竹夹子者、拿竹笊篱者依次跑向场地中心的水缸抢捞粽粑，捞到后迅速投入自己小组的箩筐内。在规定时间内抢到粽粑最多的组获胜。这一局，考验的是队员的速度。

依饭节上的抢粽粑活动，总是排着长长的队伍，不仅因为大家想要抢到更多的粽粑，把更多的福气带回家，还因为抢粽粑确实太有趣了。两根竹筷子，或者一个竹夹子，或者一个竹笊篱，想从装满水的缸里夹一个三角粽粑，确实不是件容易的事，虽说不至于大海捞针，却也是个技术活。队员经常因为水滑夹不起来，或者夹到一半又掉进去，还溅得满身水。这个时候就会引来观众的阵阵笑声、"哎呀"的叹惜声，真是一件快乐无比的事。

春椰争蛙，谁最像青蛙

谁能想到，大家不抢虎不抢鹿，却奋力去争抢一只小青蛙。这是流传在广西壮族聚居的地区的一种民间竞技游戏——春椰争蛙。

打椰是壮族地区庆祝稻作丰收的一种仪式，后来慢慢演变为一种娱乐活动，有些地方在用材改变之后称为"打扁担"。春季打椰称为"春椰"，寄托人们在四季之始祈求一年风调雨顺、五谷丰登的美好愿望。青蛙，壮族人将之敬为神明，是壮族人的图腾之一，考古发现，有两千多年历史的广西左江崖壁画上，蛙人的形象栩栩如生。春椰争蛙，抢到了蛙，就预示着抢到了好年景。

春椰争蛙，得先选好场地，一般设在村寨的广场或者空旷场地，在中间立一根又大又高的竹竿，竿顶挂上一只大青蛙，在场地两边依参赛队伍数量各立一根高约三丈（约10米）的竹竿，竿顶上挂4只青蛙。道具需要准备铜鼓4面，皮鼓1面，大镲1副及长木棍、短木棍各4根，还有长4米、宽与高各60厘米的木椰一个，这些都是助阵的武器装备。

比赛开始前，先选出一人做裁判，然后各队选派一名队员，选出的这名队员是己方的技术代表，爬竿最为厉害。比赛开始，各队队员排列整齐，并有节奏地击鼓打镲，选出的参赛队员站在队伍前，用长、短木棍有节奏地对打、敲打或者敲击木榔。春榔分为"一巴郎"至"九巴郎"的节奏，前面的两个"巴郎"属于预热和准备阶段，当敲打到"三巴郎"时，相当于比赛哨声响起，参赛队员即刻开始冲击。他们手执一只竹子编制的蝴蝶，像青蛙一样迅速爬上己方的竹竿，将蝴蝶挂上，取下一只青蛙，迅速滑下返回队伍，换下一个队员出发，直到将4只青蛙全部取下。紧接着，他们迅速跑向场地中间大竹竿上挂的大青蛙，最先取得大青蛙并顺利回到队伍的一方获胜。

春榔争蛙的比赛规则一是上竿动作要像青蛙，二是取大青蛙时可以争抢但不准推倒、拉倒对方。春榔争蛙比赛获胜的关键点是参赛队员速度够快、体格够强壮、爬竿技巧够娴熟。比赛结束，赢得大青蛙的队伍雄赳赳、气昂昂地将大青蛙请回去，没有抢到大青蛙的队伍，为了沾沾大青蛙的喜气，就会给赢得大青蛙的队伍送猪送羊，共同庆祝，以求全年风调雨顺、五谷丰登。

齐步走，三人同踏木板鞋

板鞋竞速又称三人板鞋竞技，广泛流传于广西壮族聚居的地区，是三人同踏一副木板鞋向前行进的传统民间体育竞技活动。

板鞋竞速源于一个抗击外敌的传说。明代倭寇侵扰我国沿海地区，广西著名将领瓦氏夫人领旨率兵前往抗击倭寇。为了提高士兵的协调能力，瓦氏夫人想出一个办法，令三名士兵同穿一副长板鞋齐步跑。如此长期训练，士兵们的步调一致了，身体素质也大大提高，在战场上所向披靡，最终击败了倭寇，立下大功。板鞋竞速虽到后来军事色彩渐弱，但作为壮族族群的历史记忆和追求却被壮乡人民世代保存下来，作为娱乐竞技活动传承至今。

板鞋竞速在不同地方有不同的竞速方式。以传统的三人板鞋竞速为例，分为三种比赛方式。

第一种规则最简单，三人同踏一副板鞋，在规定的距离内最先抵达终点者获胜。第二种，以数量或速度判定胜负。如三人同踏一副板鞋，在规定的时间内抢粽粑、抛绣球或者踩气球，数量多者取胜。第三种是最难的一种，主要以技巧难度及艺术表现力来判定优劣。如三人同踏一副板鞋，进行集体舞、唱山歌或其他

板鞋竞速

表演，以难度和艺术表现力取胜。

板鞋竞速取胜的秘诀是什么呢？一是站位安排，排头的1号作为口令员，无论是体格还是声音，必须有气势。二是姿势，2号位队员需双手扶在1号位队员的腰两侧，3号位队员需双手扶在2号位队员的腰两侧（或两肩）。三是技巧，所有队员必须两眼目视前方，抬板鞋的时候，先稍稍抬起板鞋后跟，双腿稍微弯曲，然后在口令员的口令中扶稳队伍，身体保持平衡一致，抬腿左右交替迈步或跑步，只要保持步伐整齐，速度就会很快。

板鞋竞速气氛热烈，壮乡人民爱玩也爱围观，从中可以挑战自我、挑战团队合作能力。到今天还发展出了多人板鞋竞速活动，第三种比赛方式更发展成了带表演性质的壮族板鞋舞。

2012年，壮族板鞋舞列入广西第四批自治区级非物质文化遗产代表性项目名录。

● 板鞋舞

踩石轮，侗寨年年好收成

踩石轮是侗族的一项传统竞技活动，每年农历七月十四，村寨里的青壮年男子就会在寨子里的鼓楼前举行盛大的踩石轮活动。

关于踩石轮有一个曲折而又感人的传说。相传在宋代中期，广西龙胜等侗乡连年干旱，许多穷人被迫离开家乡。其中有个叫贵田的人逃荒到了汉族平原地区，给财主打工。他看到汉族兄弟用大轮水车浇灌田地，眼前一亮，觉得这真是一个好办法，于是便拜汉族兄弟汉良为师。后来汉良和贵田一起回到贵田的家乡，造出了水车，带领乡亲们一起灌溉大片稻田。此后，侗寨年年都有好收成。可寨里的财主见不得穷人过上好日子，对贵田和汉良恨之入骨。于是，在一个月黑风高的夜晚，财主派人将他们杀害，并捣毁了水车，那天正是农历七月十四。侗家穷人得知水车被毁、贵田与汉良被害的消息，悲痛万分，于是经常到河边缅怀他们。为了使侗家世代不忘汉良和贵田的功德，一位老石匠仿照水车的样子将大石头凿成能旋转的圆锥石盘，并根据水车转动的

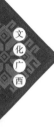
节奏编排了石盘操，名曰"踩石轮"。

踩石轮活动开始前，先在鼓楼广场中央放置一块三尺（约1米）见方、厚约两寸（约7厘米）的平滑石板，称为座板，在座板上放置一块直径约四尺（约1.3米）、高约一尺（约33厘米）的圆锥形大石盘，名为石轮。踩石轮比赛一般七人一组，通过抽签决定踩石轮的顺序。比赛开始，精神抖擞的小伙子们腰上缠一块青布头巾，分好位置站在石轮上。有轴心人，有掌舵人，有撑轮人，大家齐心合力，将石轮左旋起来。石轮转到一定速度之后，开始配合节奏做出各种造型与动作。如要改变石轮方向，则由轴心人发出制动口令，撑轮人以脚撑地，将速度减慢，并迅速转身和换手抓带，以脚撑地，使石轮向右旋转。这就像一艘行驶中的航船，既要快速又要稳健，还要保证安全。

各个组轮流踩完，评判员开始评出优胜者，评判标准有以下几条：一是石轮的转速、圈数，二是持续时长，三是旋转中有没有人中途退场和中止活动，四是造型和稳定性，五是集体配合，六是石轮不旋出座板。优胜者的奖品非常丰厚，有猪头、酸鱼、糯米粑、米酒、肉及侗布等各种物品。

高跷比赛晒技艺

踩高跷在广西既是一项娱乐活动，也常用于走村串户。广西很多地方高温多雨，雨一来，道路泥泞，满地泥浆，人们串门时带着一脚烂泥到亲友家里做客，既有失礼貌，又会弄脏人家的地面。于是便模仿孩童，踩高跷串门。到亲友家门前，将高跷一靠，脚板或鞋子没沾上泥浆，就可以干净利索地进屋做客了。

两条直径 6～8 厘米、长 1.5 米的圆竹或圆木，在距地面约25 厘米的地方凿洞，将一块硬质小木片紧扎入洞中做踏脚板，安上踏板，即可制成高跷。给孩子们使用的就短小些。玩的时候双脚分别踏上两根圆竹或圆木上的踏板，并把两根圆竹或圆木的上端分别紧靠在腋窝边，然后一左一右提起高跷一步一步往前走。

高跷比赛既好玩又刺激。可以赛跑步，看谁踩着高跷跑得快，跑得远；可以赛捡实物，踩着高跷边走边捡地上的物品，捡得多者胜；还可以赛撞力，两人踩着高跷相对而跑，到指定界线，边踏步，边用高跷竿击撞对方，撞声越响越好，撞击的力量大者获胜。

高跷还是捕捞鱼虾的一种工具。2020 年，京族高跷捞虾习俗列入广西第八批自治区级非物质文化遗产代表性项目名录。

广西民间惬意游艺

猜谜我用歌

　　谜语古称隐语，由来已久，相传在原始社会就有谜语了。至秦汉时期，猜谜语已是文人之间的游戏。刘勰《文心雕龙·谐隐》记载："自魏代以来，颇非俳优；而君子嘲隐，化为谜语。谜也者，回互其辞，使昏迷也。"谜语的称谓至此出现并沿用至今。猜谜，形式很多，内容丰富，如猜字、猜诗、猜画、猜物，等等，雅俗皆为娱乐。

　　广西壮族地区人们的猜谜与很多地方大不相同，他们猜谜不用说，而是通过歌来竞猜。单猜一般是四句歌，对唱一般不限句数，猜到对方接不上为止，竞猜的内容主要围绕老百姓生活的方方面面，人、事、物，吃喝拉撒等皆可入谜。

　　先来看看各种类型单猜的猜谜歌。

　　猜字歌：

　　九横六直，天下无人识，走去问孔子，孔子猜三日。（谜底：晶）

　　生吃得，熟吃得，放在砧板切不得。（谜底：水）

猜物歌：

生在山中叶飘飘，死在锅头任火烧；得到凡间半筒米，一条篾草捆在腰。（谜底：粽叶）

再来看看壮族阿哥阿妹对唱的猜谜歌。

（妹）木和木相排，林字不准猜，望哥你抓紧，把谜底揭开。
（哥）猜谜真心慌，哥深思细想，相字是谜底，妹说可猜上。
（妹）十和十相顶，日头影中间，月亮照旁边，啥字请哥言。
（哥）双十真没力，日头隔分离，月亮旁边照，哥猜是朝字。
（妹）答得这样快，哥你满肚才，莫要太谦虚，别说无能耐。
（哥）哥没啥能耐，只答胡乱猜，阿哥有差错，请把贵手抬。
（妹）哥叫妹指教，妹无法达到，望哥多指导，好共同提高。
…………

壮族人民爱唱歌，用歌猜谜是一种娱乐方式，也是一种交际方式，孩童们可以从谜语中学到各种生活知识，大人们在猜谜歌中锻炼思维，加深人与人之间的交往。

木叶声声意绵绵

　　木叶，是我国古代许多民族流行的一种乐器，"吹叶"即吹树叶发声。吹叶的传统由来已久，在唐代，吹叶已进入宫廷，为十部伎之一，可独奏，也可在合奏中扮演重要角色。唐宋时期，文士雅客表述"吹叶"的诗词比比皆是，如张籍的《牧童词》："隔堤吹叶应同伴，还鼓长鞭三四声。"宋代朱敦儒的《蓦山溪》："弹簧吹叶，懒傍少年场，遗楚佩，觅秦箫，踏破青鞋底。"

　　广西山多树高，春夏秋冬总有绿叶鲜花在。壮族称木叶为拜美，它是壮家人最喜爱、流传最广的乐器，田间地头、赶圩串寨、对歌赛会，总会响起木叶声声。上工、下工的路上，在路边摘下一片小叶子，声声木叶伴着山歌飘向远方。

　　吹叶，流行于壮族、苗族、瑶族、侗族、彝族、汉族等多个民族。苗家村寨还流传着一个吹叶的起源传说：很早以前，苗族有个小伙子叫姜兄九，还有个姑娘叫戛兄九，他们分别住在一座高山的两侧。有一次，他们参加"游方"（男女青年用对歌来谈情说爱的一项活动）时一见钟情。没过多久，姑娘戛兄九就到姜兄九家拜访，可是小伙的母亲对戛兄九不满意，让戛兄九走。

● 木叶声声向远方

为了挽留戛兄九，姜兄九装病卧床不起，戛兄九就留在他身边照顾。但姜兄九的病一直未能好转，戛兄九便不好多留，提起包袱快快离去。姜兄九不舍，紧追出门，顺手摘下门前的花椒树叶，放在嘴边吹奏，优美而恳切的木叶声飞过田野、山岗，飘到半山

坡上，戛兄九闻声感动，返回姜兄九家。姜兄九的母亲见姑娘这样深情，也不再赶她走了。姜兄九和戛兄九结成了美满姻缘，从此，他们一家过上了和睦幸福的生活。

布依族民间流传着这样一首古老的情歌："高山木叶起堆堆，可惜阿哥不会吹，哪时吹得木叶叫，只用木叶不用媒。"壮族的阿哥阿妹则会唱相见歌："山上木叶落成堆，有心唱歌就学吹，哪时吹得木叶叫，花开引得蝴蝶回。""山上木叶堆成堆，可惜情哥不会吹，几时吹得木叶响，木叶一响妹就回。"木叶吹得好，可以收获爱情，木叶声就是幸福的先声。在壮家，在苗家，逢"三月三""坡会""游方""采花山"等歌会庙会活动，悠扬的木叶声此起彼伏，响满山坡，悠扬动听，阿哥阿妹循着木叶声分辨自己的情人，到竹林里、大树下、草丛边相约相会。

"妙吹杨叶动悲笳，胡马迎风起恨赊。若是雁门寒月夜，此时应卷尽惊沙。"（唐郎士元《闻吹杨叶者二首》其一）要想木叶吹出美妙动听、荡气回肠之音，选叶子很重要，通常选择橘树、柚树、杨树、枫树、榕树、冬青树这些无毒的树种的树叶，叶片结构匀称，正面、背面平整光滑。太嫩的叶子软，不易发音；老的叶子硬，音色不柔美，一般以柔韧度适中、不老不嫩的叶子为佳。叶子的大小对吹奏也有影响，过大或者过小都不便吹奏——发音不集中。一般长5.5厘米、宽2.2厘米左右的叶子最合适。当然，也并非人人都会吹木叶，它毕竟是一门技艺，技艺会有高低。会吹木叶的人，大都从小学起，花费的功夫也很多。

苗族青年男子通过木叶表达情意，木叶吹尽人生悲欢离合，喜喜忧忧，忧忧喜喜，让人回味无穷。

木叶是一种简单而古老的乐器，它声声传情，传承至今，已发展成为木叶音乐艺术，登上国内外舞台。用木叶演奏的主要作品有《茶山韵》《风吹竹叶》《情深谊长》《家乡阿里山》等。

● 吹木叶

跳花灯，长龙舞在星光中

　　跳花灯是流行于广西壮族地区的一项传统民间游艺活动，至今已有几百年的历史。

　　跳花灯一般在晚上进行，尤其是中元节时最为热闹。跳花灯的场地多在村里平坦宽阔的场地上，如晒谷场、大祠堂或广场等。72个小碗装上豆油和灯芯，排成9行，每行8个，前后左右间隔约80厘米。花灯点燃之后，摇曳的灯光在夜色中舞动，充满希望。跳灯的人数少则五六人，多则十几人，每人手中拿着不同的乐器或道具，如木鱼、木笛、小鼓、锣钹等，也有的戴面具。跳花灯开始，一个人带头敲打木鱼，用木鱼"梆梆"的声音对花灯队伍进行指挥，其他人按木鱼声有节奏、有规律地在花灯中来回穿跳，跳到花灯尽头拐弯的地方，每个人还需要做一个与众不同的动作来表达自己欢乐的心情，同时要吹打手中的乐器或道具。舞蹈、音乐、跳跃的灯光，映照着人们喜悦的脸庞，洋溢着幸福的味道。

　　花灯的跳法很简单，每跳一步要快速而有节奏地穿过小碗，等所有人都跳过72盏油灯时，游戏结束。当然，每次跳花灯，

● 跳花灯

大家都是玩得不亦乐乎，连续跳上几个小时也不嫌累。

跳花灯源于壮族原始巫的民间祭祀舞蹈"踩花灯"，原是为超度亡魂而设，因围绕花灯踩步跳踏而得名。踩花灯由祭祀仪式演变为游艺活动跳花灯，由祭祀超度祈福而转变为表演、娱乐、玩耍，是壮族人民对美好生活追求的一种自然转变。

2010 年，平果壮族踩花灯列入广西第三批自治区级非物质文化遗产名录。2012 年，马山壮族踩花灯列入广西第四批自治区级非物质文化遗产代表性项目名录。2018 年，天等壮族跳花灯列入广西第七批自治区级非物质文化遗产代表性项目名录。

打泥脚，泥丸当作绣球抛

　　打泥脚为苗语汉译，意思是用黄泥团子互相打脚，是流行于苗族地区的一种游艺娱乐活动。

　　苗族同胞一般在春节期间开展打泥脚活动，据说祖先早已立下规矩：出正月不打泥脚。苗寨流传下来的打泥脚还有以下规则：一是同岸寨子不打脚；二是先打上寨后打下寨；三是寨老择良辰吉日邀约后方可打脚；四是对等相打，男对男，女对女，老对老，少对少，不许多打少、强打弱、男打女、大打小；五是只许打腿脚，不许打腰身和头部。苗寨祖祖辈辈流传下的规矩，寨寨遵守，寨寨之间友好往来。

　　打泥脚开始前，男女老少要穿上鲜艳美丽的盛装，到达选定的场地之后，先摆香案祝贺礼辞，祝贺完毕，打泥脚便要正式开始了。打泥脚的人员到场地中间互找对手，而看热闹的人们则站在场地周边观看、呐喊。找好对手之后，队员各自捏好几个鸭蛋大小的黄泥丸，然后摆开战场，一般在距离双方35米内的地方进行打脚。打泥脚开始，双方你来我往地用泥团击打对方脚部，这边一坨飞过去，那边一坨飞过来，考验眼力和脚力的时刻到了。在判断泥坨将要击中脚部的一瞬间，可以立即提脚躲避。苗寨打泥脚之时，场外擂鼓敲锣，烟花爆竹响彻云霄，越是紧锣密鼓，泥坨就击得越猛越烈，进攻、防备，防备、进攻，场面非常激烈紧张，呐喊声、欢笑声一阵连着一阵，热闹非凡。苗家的姑娘和后生也是在这样欢乐的节日、热闹的活动中彼此接触，相互交谈。大家在打泥脚中互相了解，抛出的泥丸一坨坨，正如抛绣球，抛出心中的情与意，让姑娘和后生的爱相连。

虽打泥脚，但打不怒，不管裤腿上有多少泥团印子，大家都是笑呵呵的，只有友好、欢乐。泥团印子少的，表示这个人非常机智灵巧，英勇善战；泥团印子多的，表示这个寨子来年"谷子连根结"。泥团多少都寓意着美好、丰收。正如苗寨礼辞所颂："今天我们来丢脚打拍，打个千和万合，万合千和，打个五谷丰登，六畜兴旺，风调雨顺，国泰民安。"

瑶家山寨斗画眉

　　广西的壮族、汉族、苗族、瑶族、侗族等民族都有斗鸟的习俗，尤其钟爱斗画眉。根据斗鸟的激烈程度，分为"文斗"和"武斗"。斗鸟开始时，斗鸟人将两个鸟笼并排靠拢，用哨子引诱画眉鸟唱歌，一只唱起来之后，另一只则不甘落后，两只鸟不停提高分贝，展示自己美妙的歌喉，这便是"文斗"。"文斗"之后就是"武斗"。两只鸟隔着笼子用嘴咬，用爪子抓，这种争斗称为"隔笼斗"；随着争斗过程愈演愈烈，发展为"滚笼斗"，即两只鸟在同一个笼子里互相扑打、对峙。"滚笼斗"战况一般比较激烈，最终两鸟必有一伤。画眉鸟是一种比较傲气的鸟，倘若输了，必受重挫。

　　斗鸟不像斗牛、斗马那样场面大、惊险多，但它比斗牛、斗马更令人好奇、紧张、激动！每只画眉鸟更是有自己独特的叫声，而令人惊奇的是，斗鸟客能从鸟声中辨别出它们的战斗能力，每个斗鸟客也自有一套饲养、训练的方法，人和鸟之间自然而然就形成了一种默契，他们之间的交流方式通过吹哨来进行。如何辨识一只能斗、善斗的画眉鸟呢？寨子里有经验的老人说，

● 斗鸟现场

挑选画眉鸟看三样——"顶毛薄、眼水透、脚似牛筋能打斗"，但是实际上，画眉鸟是否善斗，还是要在真正的赛场上看。

在瑶寨、苗寨、侗寨，鸟是男人一天当中关注最多的非劳动事物。早上起来，将鸟笼挂在村里公共场所的树枝上与别家的鸟一起比唱，或者在半山腰稍高的地方和山上的鸟一起唱歌。劳作时，将鸟放到树梢上；不劳作时，走路都拎着鸟笼。女性虽然没有直接参与斗鸟活动，但也关注画眉鸟，因为画眉鸟唱歌太好听了！

近年来，人们逐渐有了人与自然和谐共生的意识，爱鸟风气渐兴，所以斗鸟现象也在慢慢减少。

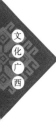

有一种浪漫叫"行歌坐月"

　　月明之夜，小伙子在吊脚楼下弹着牛腿琴唱着情歌，姑娘羞答答地在吊脚楼上听一曲，倘若小伙子琴弹得好、歌唱得美，姑娘便悄悄推开窗户，看看小伙子是否合眼缘；如果姑娘也喜欢小伙子，便无声打个手势，邀请小伙子上楼进"月堂"（闺房）。而这仅仅是一个美好的开端。上楼之后，小伙子要唱"对凳歌"和"讨茶歌"，姑娘让座后给小伙子斟茶喝，并以歌对唱。在一问一答的对唱中，双方互相了解，姑娘也借此考察这位小伙子的知识、能力、才干等，最终确定是否可以继续交往。当双方唱到情投意合互相满意之时就会相约时间，这就是盛行于侗族男女青年中的习俗"行歌坐月"。姑娘和小伙子经过多次"行歌坐月"之后，感情日渐浓厚，小伙子就可以托媒求婚了。如果遇上不喜欢的人，姑娘就紧闭窗户，不予理睬。而对那些难缠的、赖着不走的，姑娘直接往楼下泼一盆水，以示严词拒绝。

　　行歌坐月，又称行歌坐夜，是侗族青年男女进行社交的一种常见方式，娱乐性很强。姑娘三五人入夜后聚在一个地方做女红，这个地方一般较为固定，称为"歌堂"，姑娘先入，小伙子后来。双方入室后均以礼相待，每当夜深人静，姑娘小伙儿在歌堂里无所不谈，嬉笑闹乐，互诉衷肠，对唱情歌，至黎明时才依依相别。情投意合之后，更是无夜不往。有时买来白砂糖煮稀饭，有时杀鸡杀鸭吃宵夜，有时相邀打着火把去稻田里折糯禾舂扁米，娱乐方式多种多样。在这样的轻松交往之中，男女青年看对眼的就会交换信物，谈情说爱。

行歌坐月是青年男女乐在其中的一件浪漫事，但这件浪漫之事也是看人看条件的，并非人人合适。首先，要看年龄。幼儿肯定是不适宜参加这项活动的，而已婚的青年男女也少有参加，只有适婚年龄的青年男女才会参加行歌坐月。其次，要看对歌的技能。侗族、苗族、壮族都是善歌唱的民族，孩子从小就会歌唱，但是唱歌和对歌还是有区别的，对歌技能的掌握和发挥，才是参加行歌坐月的法宝。只有熟练地对唱，才有可能赢得姑娘的芳心。最后，要懂礼数。不可男刁女滑，不可讲金要银，不可嫌贫爱富，不可死缠烂打，不可撩妻弄妇，不可拐抢人口，等等，如若违反必受重罚。只有符合这三个条件的青年男女参加行歌坐月，才会享受到行歌坐月那夜深人静时，歌声委婉悠扬的如水浪漫。

你有情来我有意，粉红彩蛋碰一碰

　　碰蛋是古已有之的一种儿童游戏，民谚中有"立夏胸挂蛋，小人疰夏难"的说法，是说立夏这一日，在孩子们的脖子上挂上鸡蛋，夏天就不会厌食。而孩子们在挂上鸡蛋之后，开始起了玩耍之心——用鸡蛋来碰一碰，看谁的先碎裂。大人们将鸡蛋煮熟，挑选出没有裂缝的鸡蛋用凉水泡一下，然后将鸡蛋染色（一般是红色）或彩绘，装进五彩丝线网兜里，挂在孩子的脖子上，孩子们就欢天喜地地带着鸡蛋出门找伙伴们玩碰蛋了。蛋分两端，尖者为头，圆者为尾，碰蛋时蛋头撞蛋头，蛋尾击蛋尾。碰蛋很有讲究，力气大了鸡蛋容易破，力气小了鸡蛋纹丝不动，如果鸡蛋破了，就可以直接吃掉了。如果鸡蛋没有破，又继续和另外一个孩子的鸡蛋相碰，坚持到最后的小朋友，蛋尾胜的称为"大王"，蛋头胜的称为"小王"。

　　而在壮乡"三月三"，碰彩蛋是男女青年相亲的一种习俗。将鸡蛋煮熟，染成彩色，到"三月三"歌圩上去寻找意中人，是壮族青年男女寻找爱情的一种方式。在歌圩中，小伙子看中了哪个姑娘，就手握自己的彩蛋去碰姑娘手中的彩蛋，如果姑娘不愿意就握住彩蛋不让碰，如果姑娘也有意，就让小伙子碰彩蛋。有时候，有的小伙子鬼点子多，中意某个姑娘又担心碰不裂姑娘的彩蛋，就到河边找来形状像鸡蛋的椭圆形石头，染成红色，想尽办法把姑娘的彩蛋壳碰裂。蛋碰裂后两人共吃彩蛋，哥有意妹有情，之后男女青年还以唱歌的方式进一步表达心中的爱意，加深相互间的了解。

除了壮族，与壮族杂居的瑶族、汉族也有碰彩蛋的习俗。

● 盛装挑彩蛋

广西民间节令游艺

土牛迎春，男女老少竞相追逐来观

　　土牛迎春，是广西盛行的春节习俗。据《南宁府志》记载：
"立春先一日，府州县排列彩亭，设土牛，迎春于东郊。"

　　在传统农业生产中，牛是重要的生产工具，人们常以它来象
征农事。立春前一天进行土牛迎春习俗，意在告诉人们春已到，
适时春耕。春节期间，开展舞春牛习俗。民间有俗语：舞了春
牛，一可风调雨顺，二可国泰民安，三可做官连升，四可四季平
安，五可五谷丰登，六可六畜兴旺。

　　春牛是用竹篾编织而成，大小与真牛一般，角以木制，牛
头、牛角糊上绵纸（或布），画上牛眼等，牛身是用一块黑布
或灰布缝到竹篾上，牛尾用稻草编成。舞春牛时，舞牛队敲锣打
鼓，一人在前撑牛头，一人在后弯腰拱背甩尾巴，跟随在牛旁边
的人，有的拿锄头，有的握犁耙，载歌载舞，表演耙田、施肥、
播种等春耕动作。

　　舞春牛的表演形式有独脚春牛、两脚春牛和四脚春牛三种。
独脚春牛也称撑春牛，舞者用一竹竿撑起舞动；两脚春牛，以土
布一幅，在其一端缀上一对黄牛角，由一人披在身上舞动；四脚

春牛，用竹篾制成牛头，联以布块，绘上灰、黄等颜色，另一头缀牛尾，由两人钻进去，如舞狮状。这三种形式当中，以四脚春牛形式最为完整。它的舞蹈由三个部分组成：一是牛舞，主要模拟牛的各种习性、动作和神态。这需要扮演者非常熟悉牛的性情、习惯，表演时动作自如，神态逼真，形象生动，犹如真牛一般。二是模拟农业生产的舞蹈，如犁田、播种、插秧、挑谷等。三是采茶舞，是比较简单的舞步，形同十字步。

农历正月初二至二月初二，春牛舞到大街小巷，男女老少竞相追逐，摸摸春牛沾沾喜气；舞到家家户户登门贺春，唱春牛戏，被访人家用香茶、鞭炮、红包、糍粑迎春牛入户，齐贺新年新气象。

金童玉女高高坐，彩架游过令人叫绝

　　一部徐徐而来的彩架，光鲜亮丽，几个6～8岁的孩子，妆容俊俏，手持长矛、花篮或大刀，立于彩架之上，惊险、奇特而又自然。

　　游彩架，初时称"游色架"，简称"彩架"。游彩架在广西以宾阳县最为著名，传统上在春节期间举行，是宾阳县群众喜闻乐见的民俗游艺活动。

　　彩架的制作工艺非常繁杂、精细，首先要确定彩架故事主题内容，然后根据主题内容进行模型设计。设计的时候，要充分考虑彩架的内容、色彩、服装、道具、安全性、难易程度等。彩架出游前，根据设定的主题故事给孩子们画上对应的妆容，穿上色彩鲜丽的服装，然后将孩子们托到几米高的架子上安置好，再将支撑身体的各支架巧妙地隐藏在服饰和道具下面，让人觉得就是孩子们站在高高的架子上扮演着故事里的人物。其实，孩子们是坐在一个小凳子上，要不然彩架游几个小时他们会累坏的。而这，就是彩架的神奇之处。

　　游彩架的故事多是一些有趣的、适合孩子们装扮的内容，如

● 叠彩架

八仙过海、孙悟空借芭蕉扇等，使孩子们看起来非常灵动和逼真。彩架游行时，伴以舞龙、舞狮、彩灯、八音演奏等，游行队伍有 250～500 米长。

游彩架是何时传入广西的呢？家住宾阳县新宾镇三联社区外东街的李十三公（李若珠第四代后裔）及社区老艺人口述：清代广东佛山武举人李若珠，娶今新宾镇三联社区外东街谭氏为妻。李若珠于同治十三年（1874 年）间，从佛山迁至新宾与妻定居，次年春节期间，李若珠将彩架制作技艺传授给当地人。李若珠亲自设计、制作了"拾玉镯""双卖武""梅鹿镜""湘江大会" 4 台彩架上街游行表演，一出场，便因其令人叫绝的技艺以及观赏性大受欢迎，且其展示的历史人物多为正面人物，社会赞誉极高。此后游彩架便在宾阳代代传承，历经 100 多年，光彩依旧，且不断焕发生机。

游彩架，因其精妙的造型、灵动的孩童形象、惊险的动作以及令人称奇的传统技艺，广受人民群众喜爱，除春节期间巡游，还参与各种大型庆祝活动、群众文化活动以及区内外文化交流活动，所到之处均引来阵阵惊呼声。

2008 年，游彩架列入广西第二批自治区级非物质文化遗产名录。

"三坡"赶到"十七坡"，苗族新春赶坡忙

　　苗家村寨有年俗：初一不吹芦笙不出门；初二可吹芦笙不出村；初三到十七，四处赶坡，即从"三坡"赶到"十七坡"。

　　坡会是苗族的传统节日，春节期间"赶坡"是苗寨男女老少举家出动的活动。"赶坡"，又称"跳坡"，我们先来细细数一数融水苗族自治县的那些坡会：正月初三大年乡的姑娘节，正月初七拱洞乡的芦笙坡会，正月十一滚贝乡的热伴节，正月十二杆洞乡的百鸟衣节，正月十三安太乡的十三坡，正月十四白云乡的上邦寨更喔坡会，正月十六香粉乡的古龙坡会，正月十七安陲乡的芒哥坡会。初三到十七，三坡到十七坡，坡坡不落。

　　吹芦笙、跳踩堂、拉鼓、爬杆、斗马、斗鸟、坡花选美……无论是阳光明媚还是春雨淅沥，坡会活动热热闹闹从不间断。2006年，苗族系列坡会群列入第一批国家级非物质文化遗产名录。

　　有了芦笙，就有了坡会，芦笙在坡会活动中是主角。芦笙的历史相当久远，它在苗族地区是一个非常重要的乐器，吹芦笙已经成为苗族文化的一个象征。芦笙奏响，苗家儿女欢歌起舞闹起来。有了芦笙，就有了踩堂，即踩芦笙堂。哥来吹笙，妹来踩

堂。男子鼓尽力气吹起芦笙，女子穿起盛装踩堂，展示自己的美貌、服装和银饰。待嫁姑娘踩堂，也是吸引未婚男子青睐的一种方式。

爬杆是隆林苗族"赶坡"盛会极具代表性的活动之一。坡场中央立上几根光滑的木杆，杆顶上悬挂一葫芦酒和一块腊肉。比赛开始，乐器一响，身着鲜艳亮眼民族服装的青年男女，围绕着滑杆载歌载舞。爬杆是个技术活儿，木杆十分光滑，爬杆的小伙子需双脚齐用，要力气也要速度，经常爬上又滑下，下来又上去。最快爬到杆顶取得酒和腊肉的人获胜。爬杆结束后，男女青年便开始对歌。苗家对歌形式有多种，单唱，合唱，你来我往，即兴发挥，活泼机智而又诙谐生动。未婚青年男女正好趁此机会大胆试探，寻找称心如意的情侣，互诉衷情。

赶坡会当然不仅仅是年轻男女的专有活动，老年人赶坡会，斗斗鸟，喝喝小酒行个酒令，也是一种娱乐和休闲方式。

● 爬杆

初一彩凤舞到家，吉祥如意上门来

正月初一，一条彩凤舞到家门口，吉祥如意上门来。彩凤飘飘，舞姿优美，人们祈盼来年生产丰收、生活富裕、家庭幸福、爱情美满！

舞彩凤，是广西壮族、汉族地区一项民间民俗游艺活动。龙与凤是中华民族的吉祥物，舞凤亦是寓意龙凤呈祥。

彩凤制作比较简单，先用竹子扎出凤的形状，再用宣纸包裹，纸上绘五彩颜色，添加羽毛装饰；凤冠用彩色珠子串成，晶亮闪光；凤尾色泽艳丽，长垂下来，栩栩如生。凤分雌和雄，雄凤之冠高且红。一般为雄凤舞在前，引出雌凤。之后雌雄彩凤随着音乐和鼓点成双成对舞起来，隐喻青年男女婚恋的美好，表演的动作也和爱情有关，如"比翼双凤""八字飞舞"等。

舞彩凤有两种表演方式：一种是单一的舞凤，花凤舞、凤凰舞等，一般由女性穿上凤凰道具、民族服饰、有羽毛的鞋袜等进行表演。表演时，忽而停立啼鸣，忽而抖翅，忽而舔羽，忽而沐浴，忽而饮水，忽而展翅飞翔，可爱之极。另一种表演形式是与其他动物合舞，如与狮子、麒麟合舞"三穿花"，与仙马合舞

"彩马彩凤舞"。舞彩凤有鼓点和音乐伴奏，锣鼓敲的是"凤鼓"，音乐伴奏为唢呐。音乐为当地山歌调和"凤凰调""出彩调"。服装为当地的民族服装，且颜色鲜艳，配之于彩凤，色彩夺目。一支彩凤队伍，就这样边舞边逗趣，在大年初一挨家挨户上门拜年送祝福。

● 正月初一舞彩凤

瑶家新年跳长鼓舞

"瑶不离鼓"，长鼓与瑶家生活密不可分。瑶家过新年，必跳长鼓舞。2008年，瑶族长鼓舞列入第二批国家级非物质文化遗产名录。

长鼓，瑶语叫"公"，约4尺（约1.3米）长，两头粗，中间细，呈两个倒接的喇叭形。鼓身用沙桐木制成，两端蒙上牛皮或羊皮作为鼓面。舞时横挂在腰间，右手五指并拢，以掌拍鼓，发出"哔"声；左手持一竹片，敲打鼓面，发出"咚"音。如此有节奏地连续击拍，敲出"咚哔咚哔咚咚哔"之声。

长鼓舞的内容多为反映生产、生活内容，如建房造屋、犁田种地、过溪越谷、伐树运木、模仿禽兽等，舞蹈动作粗犷、勇猛、奔放、刚强、雄劲、彪悍、洒脱，或跳、跃、蹲、坐，或旋转、翻扑、大蹦、仰腾等，均能从中窥见瑶族人民的热情奔放、坚强勇敢以及他们的理想愿望。

长鼓舞有72套表演程式，而每一套又分"起堂""移堂"等若干动作细节。击鼓有文打、武打之分，也有高桩、矮桩之分，其中文打动作柔和缓慢，武打动作粗犷豪放。有2人对打、

● 瑶族长鼓舞

4人对打，也可一群人围成圆圈打，气氛热烈，鼓声洪亮。

　　瑶家这种具有独特民族风韵的舞蹈，据说还有一段美丽的爱情故事。传说很久以前，瑶山上住着父子三人，老人临终前把家产平分给了两个儿子。哥哥贪图钱财，把家产全部占为己有，弟弟冬比只好流浪在外，以给人做工为生。盘古王的女儿房莎十三妹见冬比人品好，便下凡与他结为夫妻。冬比的哥哥见房莎十三妹生得美丽无比，就想占为己有。他图谋害死冬比，却被盘古王预知此事，盘古王帮助冬比击败了冬比的哥哥，但把房莎十三妹召回了天庭。临别时，房莎十三妹告诉冬比：南山上有棵琴树，砍来做个长鼓，打上 360 个套环，等到十月十六那天（盘王诞日），踏环击鼓，跳上 360 个圈，就可以像鹰一样飞上天去与她团圆了。冬比按照房莎十三妹的嘱咐，不畏艰险，来到了南山，找到了琴树，做成了长鼓。冬比在约定的时间跳了起来，终于得以飞上天与房莎十三妹相见。人们为了纪念这对恩爱的夫妻，每逢十月十六耍歌堂时，都要跳长鼓舞，这种习俗一直流传至今，并在新年热烈上演。

瑶家有长鼓，故瑶家过新年，想要热闹欢快起来是分分钟的事。背上长鼓，伴以唢呐、锣鼓等，边打边跳，再唱上盘王歌，邀外面的客人一起来唱歌跳舞，欢欢喜喜过大年。

● 唱瑶歌，跳长鼓舞

正月十一舞炮龙，万炮齐鸣龙腾飞跃

　　正月十一舞炮龙，舞着炮龙来炸龙，万声齐响万炮齐鸣，中华民族龙武精神大放异彩。

　　炮龙节，宾阳县一带汉族、壮族群众人人皆知，是民族共融共生的一个综合性民间传统节庆，它的产生有很多种说法，最多的是与狄青在正月十五的夜晚攻克昆仑关有关。

　　传说宋朝皇祐年间，大将狄青奉命领兵至广西征剿依智高，至昆仑关时，因关口狭隘险峻，屡攻不克。当时正值农历元宵节，狄青为了麻痹对方，下令驻扎在宾州（今宾阳）城的兵士大闹元宵。狄青所率兵士多来自中原一带，擅长舞龙、杂耍等多种技艺，他们用稻草扎成龙，用点燃的竹子来照明，点燃的竹子发出哔哔啪啪的响声，犹如鞭炮声响。士兵们在这些如鞭炮般的响声中将稻草扎的龙挥舞起来，场面非常宏大。守关的敌军以为狄青他们忙于过节，放松了警惕，狄青趁机下令连夜出击，夺取了易守难攻的昆仑关。

　　自此之后，舞龙作为一种吉祥之举，在宾州得到传承发展，一直延续至今。

　　宾阳舞炮龙有一整套严密的组织程序和仪式过程。当晚七时

● 舞炮龙

整，于庙宇或代表社稷之处给龙开光，由会首（或师人）咬破公鸡之冠，以鸡冠之血点亮开光龙眼后，方可万炮齐鸣，龙方可腾跃而起，按原先设定的龙路顺序狂舞而进。舞炮龙之中最有趣也最惊险的环节就是炸龙。所谓炸龙，就是大家要拿点燃的鞭炮去炸正在行进中的狂舞之龙。此时，舞龙者的勇武表现得淋漓尽致，他们光着上身，仅穿舞龙特制的裤子，头上戴着藤编的形似竹笠的帽子，一串串鞭炮在自己的脚下炸开炸响，却丝毫不畏惧，也不怕炮仗弹烧自己的赤膊之躯，其景其势，蔚为壮观。舞炮龙活动持续整个晚上，鞭炮越多越响，龙越舞得狂，寓意年景风调雨顺。参加舞龙活动的人们还会争先恐后去钻龙肚，就是从"龙脚"（舞龙的人）的缝隙中钻过，一来沾沾龙气祈求心想事成，二来可以体验龙脚下炮仗声响的刺激。

舞龙活动最后环节是送龙，将已被炸得面目全非的龙头舞到指定的送龙地点，举行送龙仪式。仪式由长老主持，将炸过的炮龙燃烧，送龙升天，最后燃起火堆架起大锅煮"龙粥"一起分享。

2008 年，宾阳炮龙节列入第二批国家级非物质文化遗产名录。

正月十五舞火猫，老鼠老鼠快快跑

舞火猫，主要流行于桂东北贺州的壮族之乡——南乡，这个乡镇 96% 是壮族，是典型的壮乡。南乡壮族视猫为神，因其捉老鼠保护庄稼而敬拜。2010 年，壮族舞火猫列入广西第三批自治区级非物质文化遗产名录。

关于祭猫，古已有之。《礼记·郊特牲》有载：迎猫，为其食田鼠也。猫作为上古蜡祭八神之一受到敬拜，这一古老习俗在

● 舞火猫

南乡壮族传承至今。当地流传，先祖刚到此处开垦田地时，到处荒山野岭，猛兽野鼠很多，经常来偷吃庄稼。为了赶走野鼠，壮族先祖们养起了猫，猫赶跑了老鼠，五谷才得丰收。因此，壮乡敬拜猫神，有了舞火猫的习俗。

正月十五舞火猫，舞完火猫开始春耕种植。火猫，是用稻草结成约20米的长绳作猫身，绳头打结成猫头形，在田垌中每隔一丈（约3.3米）多远插一竹竿，以稳住猫头和猫身。火猫的身体长度按参加人数而定，参加人数必须为双数，每人手持一竹竿。猫身上需插上点燃的香，一炷10支，间隔20厘米插一炷，人持竹竿舞动。舞猫人的"猫人"装扮，则是用稻草结成猫头帽，双腿双臂扎上稻绳，猫头帽后面垂一根长稻草绳作为猫尾，还要在"猫人"身上的稻草绳中插入点燃的香，以示合一。"猫人"分男女，着装也有些不同，"猫男"头上系毛巾，穿蓝靛对襟上衣，中式长裤，红腰带黑布鞋；"猫女"则戴蓝靛帽，穿蓝靛大襟长袍，中式长裤，红腰带黑色绣花布鞋，戴银项圈和银手镯。

舞火猫没有规定的舞步或动作，主要看队形变化，在不同队形中左右摆晃模拟猫行走跳跃、捕捉活食、伸腰耸背、舔毛搔痒、相互嬉戏等形态，生动活泼，形象逼真，广受人们喜爱。

舞火猫的伴奏音乐比较古朴简单，乐器一般为常见的唢呐、大锣、大钹、小鼓、小锣等。唢呐曲一响，火猫队伍缓缓而来，一只大猫带领着几十只猫咪，边舞边表演猫的动作神态，顿时令人有进入"猫王国"之感。

壮族三月三，山歌飘满坡峒

　　壮族人自古以能歌、好歌而著称。武鸣罗波歌圩、田阳敢壮山歌圩、宜州刘三姐歌圩、柳州鱼峰歌圩等各类大小歌圩遍布广西。

　　歌圩，壮语称为"圩欢""圩逢""笼峒""窝坡"等，是壮族民间最喜爱的一种传统文化娱乐活动，也是青年男女进行社交的场所，尤以壮族三月三传统节庆期间最为隆重。2006年，壮族歌圩列入第一批国家级非物质文化遗产名录。2014年，三月三（壮族三月三）列入第四批国家级非物质文化遗产代表性项目名录。

　　宋代之后，关于歌圩的记载出现在许多著述中，如《太平寰宇记》《岭外代答》《君子堂日询手镜》《粤西丛载》等。清朝《武缘县图经》载："答歌之习，武缘仙湖、廖江二处有之，每年三月初一至初十日，沿江上下，数里之内，士女如云。"歌圩到来之前，人们会早早做好准备，家家户户扫房腾铺，蒸煮五色糯米饭，备好酒菜，准备待客。青年男女备好馈赠礼物，如姑娘们亲手缝制的布鞋、绣帕、绣球等，小伙子们买好头巾、梳子、彩线等。

三月三歌圩到来那一日，人们身着盛装艳服，携带着艾馍、粽粑、糯米饭、沙糕、红鸡蛋等，不分老少，成群结伴，从四面八方踏歌而来。放眼望去，山坡上、树丛下，三五成群，歌声缭绕，少则数百人，多则数万人，气氛十分热烈。唱着唱着，如若郎有情妹有意，便会避开众人再约个空地对唱，直唱到情意满满难舍难分，唱过白天又唱过黑夜，直到天亮送上定情信物相约下一趟。

山歌对唱的内容非常广泛，从天文地理、历史政治唱到生产生活，唱古歌、农事歌，也唱情歌、苦歌、花歌。当然，歌圩上唱得最多的是情歌。来看一看这首《三月三男女对歌》：

（男）每逢三月三，歌响遍山坡；姑娘和小伙，出寨对山歌。

（女）各人住各岗，不知你歌郎；今日来相会，歌郎住何方？

（男）向妹讲真情，哥家住丰平；妹家住何处，讲给阿哥听。

（女）相隔几垌田，住九甲庭院；昔日咱读书，像同学同班。

…………

通过对歌问问你住哪里，你是哪位；猜猜字谜看看是否有知识储备。

歌圩，在山歌对唱中感受中国传统文化的博大精深，感受历代人们的智慧结晶。

● 歌圩对歌

三月十二，花婆游街来施粥送福

　　蒲庙大街，人潮涌动。花婆巡游队伍徐徐而来，最前面的就是花婆花车。花婆坐在花车上面，两边各有一个孩子，右边是手捧红花的女孩，左边是手捧白花的男孩，两孩童坐在民间表演的"高台铁棍"之上，非常可爱。巡游队伍中有众多的娱乐队伍，有春牛队、稻种队、绣球队、花炮队等。

　　花婆，是壮族神话中的女性大神，掌管着壮族人民的生育和生命，影响人们日常生活的方方面面。花婆节流传于广西壮族民间，尤以南宁市邕宁区蒲庙镇的最为隆重。农历三月十二，是蒲庙花婆节，花婆出来游街并施粥送福。

　　传说在清代，蒲庙初成圩集，往来商贾络绎不绝，船运车载，物资汇集。热闹的蒲庙集市上有几棵大榕树，有位乐善好施的阿婆常常向过往的客商卖粥，如碰上穷人则免费施粥。老婆婆面善心慈，穿戴整洁，头上常常戴着好看的花，后来人们称呼她为花婆。阿婆过世后，乡亲们为了纪念花婆施粥之善举，盖了一个花婆庙，农历三月十二进庙祭祀花婆，渐渐形成了花婆节。

　　花婆节这天，当地壮族群众置办鸡鸭鱼肉到花婆庙祈福，花婆施粥开始前，先由六位师公念诵祈福祝词，然后由装扮好的花婆向人群撒米赐福人间。仪式之后，便是花婆施粥。粥桶前排着长长的队伍，有老有幼，以妇女居多。

花婆节施粥送福活动持续两天，除了吃花婆粥，还有歌圩对歌、吃五色饭、挂五色蛋、师公展演等各种传统游艺活动，而且花婆节当天还是蒲庙开圩的日子，圩日的集贸活动也异常繁盛热闹。

2014 年，南宁花婆节列入广西第五批自治区级非物质文化遗产代表性项目名录。2018 年，蒲庙花婆节列入广西第七批自治区级非物质文化遗产代表性项目名录。

● 花婆游街

四月初八，农具看得眼花缭乱

　　每年农历四月初八，犁、耙、锄头、铲子、斧头、镰刀、柴刀、箩筐、扁担……各式各样的农具，摆满了集市、街头巷尾甚至公路两旁，绵延几公里。到壮族农具节来，你绝对会惊叹：农具种类竟然如此之多！

● 四月初八农具节

● 四月初八农具节

　　壮族农具节是"那"文化衍生的一个民间节庆，每年农历四月初八举行，分布于广西西南部壮族地区，尤以隆安县那桐壮族农具节最为典型。"那"在壮语中即"稻田"之意，农具节就是与稻田有关的农具农事庆祝活动。据说壮族先祖古骆越人在水稻插秧农事活动结束后，要举行洗犁耙收存的祭祀仪式，祈求农业祖神赐予丰收，后来逐渐演变成农具节习俗。农具节当天，首先举行农具祭拜仪式，拜祭大石铲、铁犁、水车等农具，感谢农耕工具为人们的稻作农业所做的贡献。

　　四月初八也是牛的生日，这一天祭拜农具的同时也会祭拜耕牛，唱敬牛歌，感谢牛为人们的农事生活付出的艰辛。在壮族很

多地区，农历四月初八会举行盛大的"牛王节"。在这一天，牛不用穿牛鼻绳，不用下地干活，人们会用最青、最嫩的草或甘蔗叶喂牛，用香藤叶煮乌米饭、乌蛋来祭祀牛王，以祈祷风调雨顺、人畜平安。

农具节这一天，乡亲们拿着自家精心制作的农具来到集市进行展示和交易，有扁担、泥箕、箩筐、锄头、铲子、斧头、镰刀、柴刀、犁、耙、木车、水车、脚踏脱谷机、牛轭，等等。如今有许多经过革新改良的现代农具，如小铁牛、插秧机、电动打谷机、水稻收割机、割蔗机、榨油机等，还有一些已经弃用的古老器具。当地群众认为，在感恩祈福的这个节日里添置农具，会给来年的生产带来好运，因此纷纷在农具节采购各种农具。

农具节，除了主要的农具展销活动，还有游花炮、抢花炮、唱戏、山歌对唱、百家宴等各种精彩的游艺活动。游花炮，是祭拜农具和耕牛之后进行的一个观赏活动，花炮队伍由各式花灯、传统食品以及八音、锣鼓、舞龙舞狮组成，队伍沿着三街四村游行，家家户户在自家门前迎队伍，意为迎福接禄、驱邪消灾。逛完农具集市，观赏完花炮游行，去看看戏，唱一唱山歌，便到了百家宴时间。百家宴十分丰盛，看了让人口水直流，有传统稻作美食糯米饭、米粉米糕、粽子、糍粑、灌肠、米酒，也有富足生活下的鸡鸭鱼肉，日子可谓有滋有味。

2010 年，那桐农具节列入广西第三批自治区级非物质文化遗产名录。

渡河公，渡走不幸和忧伤

　　农历五月初五，是中国传统节日端午节。与很多地方的习俗不同，广西上林县三里镇一带壮族人家有"渡河公"习俗。

　　"渡河公"，又称"老头公"，这个习俗源自一个美丽的传说：远古时期，九重天上的银河突然决堤，天河之水淹没了大地，只有一对金童玉女幸运地抱住一个大南瓜浮在水面上才得以幸存下来。后来金童和玉女在人间生活并繁衍后代，他们就成了人类的先祖。当地的人们为纪念先祖，在每年农历五月初五，制作"渡河公"追思先祖，祈求先祖普度生灵、保佑平安，免除灾难，祈祷未来风调雨顺，富足安康。

　　"渡河公"的形象在发展中产生了变化，最初的形象是黑色的头、没有脸、没有小辫子、仅有四肢抱着南瓜，如今"渡河公"不仅穿上了五彩的衣裳，还有小辫子，脸上表情丰富、憨态可掬，非常活泼灵动，惹人喜爱。小的还可做挂饰：小人儿怀里抱着一个大南瓜，南瓜里装着风干的艾草、白芷、苍术等多种中草药，再用一根红的或黄的丝线把"渡河公"穿起来挂在孩子脖子上，刚好垂到肚脐位置，据说可以驱邪、压惊。

● 渡河公

"渡河公"活动持续一整日，五月初五当天，壮乡家家户户一早就开始忙碌起来，准备鸡鸭、缝制"渡河公"、制作放渡船只及捻子酒、三角粽、大粽粑等，准备洗澡用的草药。正午前先完成自家祭拜仪式，之后一家老小怀抱或手提"渡河公"，带着其他祭品沿着中心街道抵达汇水河畔，在傍晚五六点钟，师公举行祭拜仪式。届时，三里河畔，成千上万的男女老少一边吟咏祈祷词，一边把孩童脖子上的"渡河公"放在一艘艘用竹片、芦苇或铁皮做成的小船上，点燃红蜡烛，放到河里，任其沿河漂流。青年男女沿河唱起山歌踏歌而行，让"渡河公"渡走不幸和忧伤，寄托来年丰收、安康吉祥之意。

端午，汉族后人纪念爱国诗人屈原，壮族后人纪念壮族先祖"渡河公"，虽源起不同，但习俗却基本趋同。2008 年，上林县渡河公列入广西第二批自治区级非物质文化遗产名录。

六月六，芒那节里祭稻神

　　一方水土养一方人，吃着稻米长大的壮族人民，对稻米之神充满感恩和崇敬。六月六"芒那节"，是祭拜稻神最隆重的节日。2010年，壮族芒那节列入广西第三批自治区级非物质文化遗产名录。

　　"芒"在壮语中是"神"的意思，"那"是"水田，水稻"的意思，芒那节是壮族祭拜稻田之神的节日。"稻神祭"，是汉译的通俗说法。为何要祭拜稻神？这要说起来，会牵涉考古、历史、语言、农业等方方面面的因素，简言之，壮族是一个充满稻作文明的民族。芒那节祭稻神就是稻作文化的遗存和表现。

　　芒那节祭稻神的仪式感非常强。我们平时经常说要有仪式感，无非就是尊重某件事，赋予某件事一种神圣或者神秘感。稻神祭的祭祀仪式感体现在"请稻神""驱田鬼""祈雨"三个环节，这三个环节的仪式也是整个稻神祭的核心。仪式现场有供桌，桌上一对红烛、一只猪头、一个香炉、一个供盘、一袋稻米、一碗粽叶水，周边是前来参加祭拜的、摆着供品的村民，还有游客。主持仪式的为壮族道公。

● 芒那节祭稻神

　　请稻神本身就是一个活脱脱的故事。首先是人物角色，道公扮演的娅王（传说中壮族的保护神）手持铃铛，穿黑色法袍，法袍上绣着飞鸟。仙婆扮演壮族先民，一个仙婆挑着放有青苗的一担水桶，其他三个仙婆手持手帕和扇子。其次是舞蹈，道公和仙婆围着一堆稻谷起舞，舞蹈内容主要跟种植水稻有关，有耙田、锄地、收割，边舞边唱，将稻田耕种等表演得活灵活现。驱田鬼，非"驱"，而是让田鬼们在芒那节这天吃到一顿饱饭。祈雨，雨水的多少决定稻田能否丰收。这个仪式很精彩，道公手持长剑，在激烈的锣鼓声中，踏着号角，驱赶伤害农田的邪祟，他身手矫健，点燃剑头喷一口香油，火苗蹿起，场面一度激烈火爆，围观群众阵阵欢呼。

在壮族人的认知里，万物皆有灵，人有魂，稻也有魂，稻米是壮族的人生礼仪中不可或缺的存在：主食吃大米饭，敬祖用糯米饭，喝的酒是自酿米酒；新娘出嫁要撒米；花甲老人有寿米缸，要时时添新米，称为添粮补寿。

七夕赛巧，姑娘们你追我赶秀才艺

　　赛巧是源于我国的传统节日"七夕"（也称"乞巧节"）的一个传统节令游艺，主要流行于南宁市邕宁区蒲庙镇孟莲村那莲古圩。

　　传说每年农历七月初七，七仙女来到凡间，在那莲古圩八尺江畔的白石潭沐浴，挑选"巧女"。因此，当地的姑娘们都在七夕前夜各展其巧，制作各式各样的手工艺品，在临街门口放台展示，迎接牛郎织女鹊桥相会和七仙女下凡，乞巧、赛巧。

　　赛巧的主题与"鹊桥相会""五谷丰登"相关，表达对美好生活的向往与追求，祈求五谷丰登、国泰民安。赛巧作品主要为三类手工技艺制品：一是水果工艺品，如瓜果雕、柚皮狮子等；二是剪纸，用七彩线、绒绣成的各种图案，及编织的各种香包；三是堪称那莲一绝的"点米成画"——将收获了的"五谷"浸泡，染上五颜六色，捞起后晾干、晒干，然后在素描好的图纸或白绢上，将染了色的"五谷"蘸糯糊一粒一粒粘上去，做成立体感强、五彩斑斓的精美图案。

　　一幅幅立体的、精雕细琢的手工制品，展现着姑娘们的才艺，难分上下。入围的传统手工艺品，说取胜还为时过早，最后一场比试，是桌下穿针引线，这最考验"巧女"们的功夫了。评出 7 名"巧女"，进行最后的赛巧仪式——剪下"巧女"的一绺头发拴在风筝上，然后焚香放飞风筝，送"巧女"上天接受"七姐"核准。

赛巧活动期间，还开展拜祭"七姐"、"挑七夕水"、七夕家宴、家风礼仪表演等其他民俗活动。

2014 年，那莲赛巧节列入广西第五批自治区级非物质文化遗产代表性项目名录。

八月十五，唱着古壮话山歌拜囊海

　　八月十五，古戏台上，唱着壮族民歌，问问月亮娘娘你在哪里，请你到地下（人间）来看看。

　　"拜囊海"是壮族音译，流传于广西天等县，"囊"是"娘"，"海"是"月亮"，"囊海"是"月姑"之意，俗称"月亮娘娘"。天等壮族人家八月十五拜囊海，恭请月亮神下凡，接受祭拜。

　　关于拜囊海的历史，可以追溯到北宋。当地群众认为自己的祖先是北宋皇祐年间随狄青元帅南征后留守边疆的将军许回，许回与当地壮家女子婚配，在婚配过程中得到月亮娘娘相助，月亮娘娘还帮助许回屯兵边塞、造田造地、兴修水利。为感谢月亮娘娘的帮助，每年八月十五中秋之夜，许回都会带上全家，在皎洁的月光下，供上猪肉、糖果等祭品，烧香点烛祭拜囊海，这样的风俗一直延续至今。

　　拜囊海一般选择地势较高的地方，如村里戏台上，这样可以离月亮娘娘更近。村里男女老少都来参加，由女性主持活动。拜囊海时摆放月饼、糖、香蕉、苹果、橘子等祭品，主持活动的女

● 拜囊海

性唱着世代流传的壮族民歌，民歌有固定的歌调和歌词，旋律简单，语言为古壮话。拜囊海主要分为请月神下凡、向月神祈福、送月神几个部分。

拜囊海活动中，还有几个非常有特色的民俗活动。

家家户户柚子灯、"烽火台"盛迎月神下凡：各家各户门前挂柚子灯，造"烽火台"。柚子灯用一个中间被掏空并雕刻有图案的柚子皮做成，在柚子皮里燃一根蜡烛，外面插上香火，用高高的竹竿撑起；"烽火台"则是当天用瓦片搭成的灶台，拜囊海时将灶台烧得红红的，然后由长者对着灶台喷一口酒，刹那间，火光冲天，映红黑夜。放眼望去，全村的柚子灯闪烁发亮，星光点点，还有不时闪现的"烽火台"的烟火，天上的月亮娘娘如何

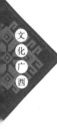

忍得住不接受凡间如此的虔诚相迎?

唱着古歌拜月神:月亮娘娘下凡后,大家就会唱着古歌感谢月亮娘娘,祈求月亮娘娘护佑庄稼丰收、村民平安,如"你带着一场大雨来给我们吧"。

全村放炮欢送月亮娘娘:唱着表达依依不舍之情的古老壮语山歌,一句,一段,又一句,村民燃放鞭炮,将代表月神的稻草人焚烧,欢送月亮娘娘回天宫。

拜囊海活动结束后,各家各户围在一起享用美味的食品,在月亮的照耀下合家团聚、谈笑风生。

2010 年,壮族拜囊海列入广西第三批自治区级非物质文化遗产名录。

霜降节，壮族民间的游艺盛会

"九月中，气肃而凝，露结为霜矣。"霜降时节到来，广西壮族地区的人们开始"蠢蠢欲动"，参加各种民俗游艺活动，祭神祭牛，走亲访友，对歌看戏，打陀螺，好不热闹。

壮族霜降节于每年农历霜降后的9天内举行，主要在广西壮族地区的天等、大新、靖西、德保等地流行。霜降后，劳作了一年的壮族人们，在秋收之后，有了更多的闲暇时间，用新糯米做成"糍那""迎霜粽"，宴请亲朋好友，庆祝丰收好年景。

相传明末清初，下雷土司许文英及其夫人岑玉音率领部下抗倭，凯旋归来时，正值霜降。为纪念岑玉音夫妇，人们建起玉音庙，并为岑玉音塑像，尊称她为"娅莫"（"娅"是指上年纪的妇女，"莫"是指黄牛，意指骑黄牛出征）。也有说法称霜降节是为纪念瓦氏夫人而定。

2014年，壮族霜降节作为"农历二十四节气"的扩展项目入选第四批国家级非物质文化遗产代表性项目名录。2016年，中国申报的"二十四节气——中国人通过观察太阳周年运动而形成的时间知识体系及其实践"列入联合国教科文组织人类非物质文化

● 霜降节巡游

遗产代表作名录，广西壮族霜降节进一步向世人展现了自己独特的文化魅力。

　　壮族霜降节分为"初降"（或称头降）、"正降"与"收降"（或称尾降）。《大新县志》对霜降节如是描述："当日吃汤圆，杀鸭宴饮，烧香供祖先，以示五谷丰登。下雷连续活动三天，节日气氛极浓。"

　　"初降"的早晨，壮乡百姓便开始杀鸡、包粽子，为款待四面八方而来的亲朋好友做准备。上午，大家集聚在村里的古戏台上举行酬谢大自然回馈的活动，摆上丰富的祭品，敲锣打鼓，舞龙舞狮，答谢自然万物，祈盼来年五谷丰登。

　　"正降"的上午举行敬神活动。人们拿着糍粑、猪肉、香烛等祭品到娅莫庙祭拜进香，村里挑选一些人打扮成士兵模样，举着牙旗，敲锣打鼓，在狮子开路之下，抬娅莫像巡游，巡到哪家，哪家就放炮。游神结束后，霜降节进入"霜降圩"。"霜降圩"是一个繁盛的贸易集市，商客往来，密密麻麻，人们如同过新年一般，逛"霜降圩"，用攒下的钱购买物品。当地民间传言：霜降节购买的东西耐用又吉祥。到了晚上，活动高潮到来，壮族人民通宵达旦地唱山歌，唱创世歌谣或叙事长诗歌颂先祖与历史，唱谜语歌传播农事等生活知识，唱劳动歌歌颂劳作，唱爱情歌传情传意，对歌活动一直持续到第二天的尾降。除了对歌，还有当地流行的各类戏曲演出，也有板鞋竞速、打榔舞、抛绣球等体育竞技活动。如今，还添加了一些武术表演、篮球赛、象棋比赛、自行车越野赛、攀岩比赛等众多文化娱乐活动，令霜降节实实在在成了壮族民间的一场游艺盛会。

盘王节，朝朝夜夜诗叙盘王

　　盘王节是瑶族祭祀祖先盘瓠的重大节日，又叫跳盘王、祭盘王、还盘王愿、拜盘王等，于农历十月十六举行，届时瑶族人民载歌载舞，纪念盘王。

　　盘王是瑶族人民心目中的救世主，是护佑他们的伟大力量。相传在瑶族南迁之时，十二瑶姓分别乘船漂洋过海，在海上遭遇狂风大浪，漂了七七四十九天都不能靠岸，眼看就要船毁人亡。这时大家想到了盘王的神力，于是各船人齐齐跪拜祈求盘王护佑子孙平安，并许下愿望，如能平安渡海，就永远以隆重仪式年年祭祀酬谢盘王。许愿后不久，大海重归风平浪静，船很快靠岸，大家得救了。那天是农历十月十六，恰好是盘王诞辰，上岸安定之后，瑶族人民遵守许下的诺言，举行了隆重的祭拜盘王之仪。大家聚在一块，唱歌跳舞，庆祝新生，庆祝盘王生日，感恩盘王。此后，瑶族子孙世世代代信守诺言，每年的这天都举行还盘王愿的祭祀礼仪。

　　传说已然过去数千年，现在，瑶族人民仍然翻山越岭，聚在一起，祭拜盘王还愿，且在祭拜中尽情唱叙盘王历史，尽情舞蹈，庆祝三天两夜，甚或七天七夜。

瑶族《过山榜》有记载："秋冬祭拜盘王，伊一十二姓子孙，摇动长鼓，吹笛笙歌，引出大男小女，托手把肩，身着花衣花裙，惊天动地唱不绝。"瑶族歌舞祭盘王，仪式神圣且完整，有敬盘王、唱盘王、跳盘王三大部分。敬盘王：在祭坛前拜盘王像，火枪鸣三响，再鞭炮齐鸣。族老寨老一起出动，供奉猪头、糯米粑、鸡、酒等丰盛祭品，瑶族人老老少少对着盘王神，默祷、敬拜、怀念。唱盘王：师公、家主、歌娘一齐唱盘王歌，诗叙盘王一生，从盘王开天辟地创造万物歌唱到瑶族迁徙历史和英雄古歌，再唱到瑶族人民的生产生活，内容丰富，涵盖瑶族历史发展的各个时期，涉及社会发展的方方面面，如《远古天地人间》《洪水淹天》《盘王出世》《盘王献计》《十二姓瑶人游天下》《千家洞歌》《放猎狗》《种竹禾》。唱完盘王跳盘王，跳盘王跳的是瑶族历史，一个传说，一段历史，或是出征杀敌，或是耕种狩猎，或是施善救世，或是不畏强暴，叙述了瑶族祖先颠沛流离的心酸历史和创业的艰辛，表达对美好生活的追求和对未来的企盼。

刘禹锡的《蛮子歌》云："熏狸掘沙鼠，时节祠盘瓠。"盘瓠是瑶族的民族记忆，在瑶族漫长的历史长河中彰显着顽强的生命力。2006 年，瑶族盘王节列入第一批国家级非物质文化遗产名录。

盘王节吹长号

广西民间儿童游戏

陀螺陀螺转转，我给老牛添草

　　"陀螺陀螺转转，我给老牛添草哩，老牛一角把我撂哩。"这是流传在广西地区抽陀螺游戏中的童谣。明代刘侗、于奕正合撰的《帝京景物略》有"杨柳儿活，抽陀螺；杨柳儿青，放空钟；杨柳儿死，踢毽子"的记载，陀螺当时已是孩童的玩具。

　　打陀螺已被列入民族传统体育竞赛项目，流行于全国各个地区，广西各民族的孩童们从小热衷于玩陀螺。打陀螺，打老牛，抽陀螺，放壳落（客家方言，平话），迪降（壮语），叫法虽不同，玩法基本一致。陀螺有木制、竹制、石制、陶制或瓦片磨成，用绳子绕好，一抛一抽，陀螺便在地上无声地旋转。转速慢下来时，再用绳子鞭一鞭，它即刻加速，如此循环，转个不停。

　　陀螺要转得稳和久，秘诀就在于钉陀螺锥端轴重心的铁钉前，要削尖陀螺本身的锥端、试好轴重心，上大下小，方稳且耐久。陀螺有圆顶、平顶和尖顶三种形状，玩法也有"文""武"共三种。其中"文"玩法有两种，第一种比谁的陀螺落地后转的时间长，时间长者获胜；第二种是在陀螺落地后，用绳子抽打加速，陀螺转的时间长的获胜。"武"玩法只有一种：两人

● 打陀螺

同时放陀螺，看谁的陀螺转的时间长，时间短的一方放陀螺，
为守方；时间长的一方打陀螺，为攻方。当攻方打出去的陀螺
碰撞到或撞倒甚至劈开守方的陀螺，攻方的陀螺还在转的为赢，
守方继续放；若攻方打不中，或打中但转的时间比守方短，则
变攻方为守方。如果玩的人数较多，就分组，各派一人放陀螺，
看谁的陀螺转的时间长，时间短的一方为守方，时间长的一方
为攻方。一般采用五局三胜或三局两胜，若一方将对方的所有
陀螺全部打"死"，则为胜一局。

　　打打陀螺，身心健康，手、脚、腰、眼、脑、心全使上，哪
个陀螺打得好，哪个是精灵仔。

卖龙卖龙，抓到谁谁演买龙

　　一群孩子，你拉我衫尾，我揪你衣角，排成一条长龙，带头的孩子喊"卖龙啊"，一个孩子负责买龙，买龙的意思就是抓住其他孩子。带头的孩子是龙头，负责保护身后的孩子，双手阻拦买龙的人，指挥其他孩子躲避。"呼呼"声伴随着抢龙行动，队伍摆来摆去，像龙一样游动，如果谁被抓住了，就要当买龙的人。买龙游戏其实就是类似于"老鹰抓小鸡"一样的游戏。

　　玩买龙游戏之时，唱起的童谣更有味道。如：

　　（问）卖龙，什么龙？

　　（答）青龙。

　　（问）青龙几多钱？

　　（答）天甘多，地甘多，大大棚枕共一窝。呼！呼！哽！

　　又如：

　　（唱）卖龙啊，卖龙啊！

● 卖龙

（问）你要龙头还是要龙尾？

（答）要龙头！

（唱）你要龙头，你是牛。

（答）要龙尾！

（唱）你要龙尾，龙摆尾。

（答）我要龙中间！

（唱）你要龙中间，抓到算你精（机灵）。

有问有答有唱，整个游戏充满了生活趣味，欢乐无比。

竹筒枪，儿童的战场游戏

一节小小的竹子，配一根放得进竹筒心的小木棍，装上一些青色未熟的朴树籽或者揉湿的小纸团当"子弹"，将小木棍慢慢推进去，预留一定空间，再用力一推，"子弹"立刻"哗"的一声射出。这便是广西地区孩童们爱玩的竹筒枪。

竹筒枪可以装青色籽果，可以装湿纸团，还可以装水；既可以是简单的射枪，也可以制成冲锋枪、机关枪，还可以做一把竹筒水枪。

竹筒机关枪，孩子们也称之为竹筒冲锋枪，在枪筒中间开个洞，再找上一段长十几厘米比枪筒稍大的竹筒，在中间挖出与枪筒同样大的对穿孔，将枪筒穿过弹筒至枪筒开洞的位置，两个竹筒呈"十"字。把十粒左右朴树籽放入直立的竹筒里，然后不断一抽一推扎入竹筒里的那根小木棍，那节竹筒里的树籽被小木棍逐个推出，竹筒枪就"叽叽"响个不停。

竹筒水枪，选取一定长度又光滑的一段竹子削平竹节，用锯子锯或用刀砍成一端是空的，另一端是实的，将毛边削平弄干净。然后用钉子在实的那边凿一个或几个小孔，在空的那端放入

● 竹筒枪与"子弹"

一根光滑且能穿入竹筒的小木棍，木棍要比竹筒长，在木棍一头绑上几层软软的碎布，大小与竹筒的内直径相吻合。将竹筒放到水里，用力拉小木棍，水即从竹筒上的小孔进入竹筒内，装好水后，再将小木棍往前推，一把竹筒水枪就这样做出来了。

　　竹筒枪的玩法多种多样，有简单的对射，谁射中对方的子弹多谁就赢；有比赛射远，就看谁的竹筒枪制作精良且技术了得；竹筒水枪射水，打水仗，就算全身湿透，孩子们还是玩得不亦乐乎。

点兵点将，点到哪个是个兵

点将歌

天冇兵，地冇兵，点到哪个是个兵；

天冇贼，地冇贼，点到哪个是个贼；

天冇王，地冇王，点到哪个哪个是个王。

点卯兵

点卯兵，点着谁人谁做兵；

点卯官，点着谁人谁做官；

点卯贼，点着谁人谁做贼。

　　这是广西孩童所喜爱的"点兵点将"歌，"兵""贼""王""官"都是游戏里的角色扮演，游戏源于生活，儿童特别喜欢扮演战争或者打仗、捉贼游戏，喜欢抢着扮演正义的角色。游戏角色如何分配？便有了"点兵点将"一类的歌谣。

　　首先，孩子们每人握住一个拳头，竖起大拇指，上面的手握住下面的手的大拇指，由下而上搭起一座拳头塔。然后，一个孩子从上面第一个拳头开始往下数，边点边唱起"点将歌"，唱到"点到哪个是个兵"时，"兵"字落在谁的拳头上谁就是"兵"，"点到哪个是个贼"时，"贼"字落在谁的拳头上谁就当"贼"，同理，其他的角色都是这样产生的。"将""兵""贼"分出来后，"将"带"兵"为一组，"贼"为一组。游戏一开始，"将"和"兵"闭上眼睛，"贼"便四散开，分头找合适的地方藏好，然后"将"便带领着"兵"，分头捉"贼"，最终要把所有的"贼"从藏身处找出来。被捉的"贼"还要演得逼真形象，耷拉着脑袋作投降状，并集中到一块接受"处置"。一轮游戏结束后可再分角色进行，直到尽兴为止。

望月猜猜猜

　　月夜之下，七八个孩子坐在一条长板凳上玩望月猜猜猜。

　　以石头剪刀布的方式，选出一个孩子，背对大家，仰头望月。再选出一个孩子，双掌合十，手掌心握着一件秘密物品，如扣子、小石头、铜钱等，然后从左边或者右边按顺序在小伙伴之间作势传送。传送时在每个人交叠的掌心画一画，这样的行为称为"破"。游戏过程中，持秘密物品的孩子一边做"破"的动作，一边唱着歌谣："破子破，破莲花，家家门口有朵牡丹花。千条线，万条线，钻过壁笆就不见。见哪家，见薛家。薛家女，满头花。出门三步路，碰见主人家。牛呀牛，吃草不抬头。抬头望见桄榔树，桄榔开花球对球。牛皮封，马皮封，封得一度紧冬冬，请你王婆来开锁，开不脱，开得一副金鸡老鸭脚。"

　　待秘密物品秘密传到其中一个孩子手中后，还要继续做"破"的动作，直到歌谣唱完。望月的孩子可以转身，猜秘密物品在哪个小伙伴手中。望月的孩子猜中了，传物件的孩子则受罚去望月；若是没有猜中，他只能继续去望月，进行第二轮的游戏了。

抱蛋，守与抢的争夺之战

　　"抱蛋"是流行于南方壮族、彝族、畲族、仫佬族等少数民族的一种民间游戏。游戏中的"蛋"不是鸡蛋、鸭蛋等实质性的蛋，而是由石头或者洋芋之类来充当。

　　"抱蛋"的称呼因地区、民族不同，叫法也不一样。红河南岸的哈尼族称为"母鸡抱蛋"；云南和贵州的彝族称为"老虎抱蛋"；四川凉山的彝族有"老虎护子""母马守子""狐狸守子"的叫法；在广西，仫佬族称为"凤凰护蛋"或"抱蛋"，壮族称为"母鸡抢窝""龙王屙蛋"，汉族称为"南蛇孵蛋"。游戏名称多样，流传地区广泛，可见这一项游戏的受欢迎程度。蔡丰明所著《游戏史》中有仫佬族"凤凰护蛋"的传说：在很古的时候，有一只凤凰飞到仫佬族地区，下了一个蛋，这个蛋保佑仫佬族人民群众一直过着美好的生活。后来天神出于妒忌，派天兵天将来捕捉凤凰和砸毁凤凰蛋，凤凰在护蛋时被暗箭射死，变成了凤凰山。于是后世便有了"凤凰护蛋"这项游戏。

　　"抱蛋"怎么玩？先准备几个"蛋"，置于中间，选出一个孩子充当凤凰，蹲在地上，两手着地撑开以身护"蛋"。在

游戏的过程中，如果抱"蛋"者的"蛋"全部被抢去，就算抢
"蛋"者赢；如果抱"蛋"者在"蛋"未被抢完之前，用脚碰
到抢"蛋"的人，则算抱"蛋"者赢。游戏开始，抱"蛋"者
或静静守护在"蛋"旁，等待抢"蛋"者进攻；或以"蛋"为
圆心，四肢转圈，寻找主动出击的机会。抢"蛋"者可以用各
种方式进攻，既可以令其中一人逗引抱"蛋"者出击，另外的
人冲过去抢"蛋"，也可以等待抱"蛋"者主动出击，然后几
个人冲过去抢"蛋"。

　　一守一抢，争夺之战愈演愈烈。抱"蛋"者"磨盘腿"使
出，飞速旋转的双腿配合着身躯紧紧护着"蛋"，阻挡四面八方

● 凤凰护"蛋"

的抢"蛋"者。抱"蛋"者的敏捷和弹跳，抢"蛋"者的速度和合作，就在这抢和守中不断得到锻炼。

"抱蛋"的惩罚方式很特别。如果抱"蛋"者赢，那么抢"蛋"者就需要接受惩罚——一人翘着屁股，四人分别提着抱"蛋"者的脚和手，将他的头撞向翘着的屁股，还要在下一轮游戏时充当抱"蛋"者。而如果抱"蛋"者护蛋失败，也要接受一定的惩罚——"抬死狗"，即大家一起抬着抱"蛋"者（假装死掉的狗）走一段距离，然后将之丢在地上。抱"蛋"者则要迅速站起来，跑着去追抢"蛋"者，被抓住的人要充当下一轮的抱"蛋"者。

调皮，活泼，运动，合作，模仿，妙趣，尽在"抱蛋"游戏。

南蛇过江，蛇头问蛇尾答

南蛇过江是流行于广西一带模仿蛇虫爬行的民间竞技游戏。从前，没有手机，没有电脑，甚至没有电视，孩童们吃完晚饭后，就聚在院子里一起玩游戏。

游戏开始前，所有参与游戏的孩子手牵着手，站成一个横排，其中一头的人作为"蛇头"，另一头的人就作为"蛇尾"。游戏开始，"蛇头"向"蛇尾"提问题，"蛇尾"来回答。陈平达的《南蛇过江》记载了以下问答。

问：南蛇过江谁人捉到（即捉着）？　答：我捉到。

问：捉来做密低（即什么）？　　　　答：剥皮。

问：剥皮做密低？　　　　　　　　　答：联袋（即缝袋）。

问：联袋做密低？　　　　　　　　　答：装水。

问：装水做密低？　　　　　　　　　答：磨刀。

问：磨刀做密低？　　　　　　　　　答：斩竹、破篾。

问：斩竹、破篾做密低？　　　　　　答：围园。

问：围园做密低？　　　　　　　　　答：栽葱、栽蒜。

● 南蛇过江

问：栽葱、栽蒜，有几高，有几大？	答：天一样高，地一样大。
问：拿密低装？	答：拿瓮子装。
问：放在哪里？	答：屎坑角落。
问：拿呢（即拿些）来我吃。	答：臭气！
问：抽张凳我坐。	答：有鸡屎。
问：拿去江边洗。	答：有鬼！（或作蛇）
问：拿去大海洗！	答：有鬼！

　　一问一答，从自然到生活，让孩子们懂得知识；一问一答，一环扣一环，锻炼了孩子们的语言能力；一问一答，"蛇头"追"蛇尾"，孩子们你追我躲，锻炼了身体。在追逐中，所有孩童必须一直手牵着手，若在追逐过程中脱开了手，游戏就结束了。

团团转，菊花园

"团团转，菊花园，大姐背我睇龙船；龙船卯好睇，睇鸡仔，鸡仔大，捉去卖，卖得三百钱，二百买金鸡，一百买银牌。金腰带，银腰带，请公请婆出来拜。拜得多，有奈何。一埕酒，两只鹅，送俾江边三妗婆。三妗婆，唔在屋，送四叔，四叔赞我好宝宝，送我十只大红枣。"

这是广西的一首经典童谣《团团转》，也是一个经典的捉迷藏游戏。

孩子们手挽手围成一个大圆圈，一个蒙着眼的孩子站在圈子中间。当然，没有哪个孩子愿意做这个"倒霉蛋"，那怎么办呢？只能通过猜拳或者抽签来解决了。选好了站在中间的这个孩子，游戏就开始了。孩子们手拉着手，高唱歌谣《团团转》，左边转一圈，右边转一圈，不躲闪，欢快地唱着歌，逗引蒙眼者，快快来捉我，捉住了我，你就自由了。《团团转》歌谣唱完，蒙眼者捉住一个人。捉住人其实不难，难在辨认是哪个。摸摸手，摸摸头，摸摸脸，猜猜是男是女是高是矮，再想一想是哪个。如果猜中了，就和对方互换角色；如果没有猜

● 团团转

中，继续"团团转"。

　　捉迷藏游戏历史悠久，"忆得双文胧月下，小楼前后捉迷藏"，唐代诗人元稹《杂忆》里就描述了月夜之下小楼前后捉迷藏的情景。捉迷藏这一游戏在全国大江南北广为流传，且各具地方特色。广西孩童喜欢玩"团团转"，游戏伴着童谣，快乐而温馨。

牛儿牛儿，顶顶看看谁力气大

比谁力气大，孩子们除了玩掰手腕，还有一种游戏就是"顶牛"。

农村地区"6岁孩童会放牛"绝不是玩笑话或者夸大其词，因为6岁的孩子，恰恰是可以帮家里放牛的年纪。牛结伴吃草去了，孩子们自是找玩的。玩什么呢？顶牛就是其中一直玩不腻的游戏之一。不需要准备什么工具，只要在一块平地上画一条线即可。这是两人对决的游戏。双方分别摆好架势，有点儿像摔跤，头顶着头，手抓住对方的手，站在线的两边，相互使劲儿，一方将另一方顶过去，且踏过了线，便赢。经常是两个孩子"顶牛"。其他孩子在旁边呐喊加油，如果一个孩子赢了，那么就有另外的孩子来挑战他。一次又一次，赢了的人总是非常自豪——证明自己力气最大。

随着生活水平的提高，很多家庭都不需要孩子帮忙放牛了。但"顶牛"这项游戏却保留下来，不仅在农村，在城市也深受孩子们的喜爱。

后　记

◆

大地回春，百鸟争鸣。

在那桃花流水处，在那广袤阡陌上，在那一条条巷道里，我们似乎又看见那孩童嬉戏的身影，打水漂、打水枪、打水仗、打陀螺、点兵点将、叠罗汉……还有青年老少那些怡然风趣的抢粽粑、斗竹马、打南瓜仗、吹木叶、跳花灯、对喂饮酒、抛绣球、抢花炮、游彩架、敲铜鼓、跳蚂蚜舞、打扁担、打榔、跳斑鸠舞迎宾等，不时浮现在眼前。

春节刚过，村头村尾、大街小巷挂的灯笼还在，喜庆的鞭炮声、催人奋进的铜鼓声、激情张扬的锣鼓声、荡人魂魄的唢呐声、响彻山坡的芦笙音还在耳边回响。每一个节日都浸透着游艺活动，每一个游艺活动都能给人们带来快乐与欢笑，这就是游艺的魅力。

人们的生活离不开游艺，人们的生活亦因游艺而精彩。每一种游艺都是历史深沉的文化积淀，都有浓郁的地域色彩，都是那一方水土的产物，透过它，人们可以看到过去、凝视现在，深深地感受同一个游艺活动所带来的变化和发展。广西的民间游艺自有其深厚的文化底蕴，也有其独特的地域色彩，如不少游艺总有

山歌相伴，山歌与游艺相辅相成，相得益彰。

　　而在众多独具广西味道的游艺中，我们也看到了不少不是源于本地而又在本地广泛流传的游艺，如滚铁环、放风筝、跳绳、踢毽子等。随着时代的发展，人们已记不清它们的来路，记不清它们最初的样子，却一直记得游艺的快乐与欢笑。这是游艺的文化穿透力，是游艺把不同民族的人们聚合在一起。我们在撰写条目时，尽量选取具有广西地域特色和广西味道的游艺，以凸显广西的游艺特色。

　　本书是在广西壮族自治区党委宣传部的大力支持下撰写的。本书的照片由李桐、梁汉昌、韦伟、周庭生、廖维、罗明考、李斌喜、李素芳、李建平、刘小明、龙涛、卢志松、陆璎、罗世才、欧阳桂君、杨顺丰、尹宗浩等众位老师及广西新闻图片画报社、中共广西壮族自治区委员会机关保育院、宾阳县文化馆等单位提供。本书在编写过程中，主要参考以下文献：崔乐泉著《忘忧清乐——古代游艺文化》，乌丙安著《中国民俗学》，杨荫深著《中国游艺研究》，王永平著《唐代游艺》，蔡丰明著《游戏史》，郭泮溪著《中国民间游戏与竞技》，牛建军、赵斌编著《中华传统民间游戏常识》，林继富主编《中国民间游戏总汇·综合卷》等。

　　在此，一并表示诚挚的谢意。

韦苏文　陈钰文

2021 年 6 月